Cómo Ganar Dinero Globalmente con IA

Gana Dinero en Internet con Herramientas de IA — Sin Programación ni Conocimientos Técnicos

Por Joe Correa

Publicado por Live Stronger Faster

Tabla de Contenidos

Introducción

El Cambio Ya Está Ocurriendo

El futuro del trabajo no está llegando — ya está aquí. En todo el mundo, las personas están abandonando silenciosamente los empleos tradicionales, dejando atrás los desplazamientos diarios y adoptando una nueva ola de ingresos: los side hustles impulsados por inteligencia artificial. Desde pequeños pueblos hasta grandes ciudades globales, personas sin ningún conocimiento técnico están construyendo negocios rentables en línea utilizando IA.

Estamos presenciando un cambio masivo. Lo que antes requería un equipo completo de desarrolladores, diseñadores y especialistas en marketing, ahora puede hacerse con solo unos clics — gracias al creciente poder de las herramientas de IA.

Plataformas como ChatGPT, Midjourney, Copy.ai, OpusClip, ElevenLabs y cientos más están transformando la forma en que las personas escriben, diseñan, crean, comercializan e incluso enseñan. ¿Y lo mejor? No necesitas ser programador, experto ni genio de la tecnología para ganar dinero con ellas.

Solo necesitas saber cómo usarlas de manera creativa y estratégica. De eso trata este libro.

¿Por Qué Side Hustles? ¿Por Qué Ahora?

Nunca ha habido un mejor momento para comenzar un side

hustle. La inflación está aumentando, la seguridad laboral es incierta y, para muchas personas, trabajar más duro ya no es suficiente. Pero ¿y si trabajar de forma más inteligente realmente funcionara?

Los side hustles impulsados por IA:
No requieren inventario físico
Pueden iniciarse solo con un teléfono inteligente o una computadora portátil
Te permiten ganar dinero en tu tiempo libre
Te permiten atender clientes en cualquier parte del mundo
No requieren empleados, oficinas ni una gran inversión

Y como la mayoría de las herramientas de IA están disponibles a nivel global, cualquier persona con conexión a internet puede comenzar hoy mismo.

Ya sea que quieras:
Escribir contenido,
Generar videos o arte,
Automatizar correos electrónicos,
Traducir o poner voz a guiones,
U ofrecer servicios digitales a empresas...

Hay un side hustle para ti — y los exploraremos todos.

Lo Que Aprenderás en Este Libro

Este libro está diseñado para principiantes, personas sin

conocimientos técnicos y emprendedores aspirantes que desean formas reales y prácticas de ganar dinero usando IA.

Aprenderás:

Cómo elegir el side hustle adecuado según tu tiempo, habilidades y objetivos.

Las herramientas de IA exactas que son gratuitas o económicas y están disponibles en todo el mundo.

Cómo configurar cada side hustle en menos de una semana.

Dónde encontrar tus primeros clientes o generar ingresos pasivos.

Ejemplos reales e historias de personas que están teniendo éxito a nivel global.

Formas inteligentes de automatizar y escalar tu side hustle con el tiempo.

Cada capítulo está lleno de ideas, plantillas y pasos accionables. También encontrarás versiones en formato de historia para ayudarte a visualizar cómo alguien como tú convirtió una idea en ingresos.

Sin relleno. Sin jerga complicada. Solo orientación clara y honesta que puedes usar hoy mismo.

Para Quién Es Este Libro (Y Para Quién No)

Este libro es para:

Estudiantes que quieren ingresos adicionales.

Madres y padres que se quedan en casa y tienen algunas horas libres al día.

Inmigrantes y viajeros que buscan trabajo sin ubicación fija.

Trabajadores de 9 a 5 agotados y listos para escapar de la rutina.

Personas jubiladas que buscan una fuente de ingresos flexible.

Creativos, escritores, coaches, maestros y freelancers que quieren ganar de forma más inteligente, no más dura.

Este libro no es para personas que buscan riqueza instantánea sin esfuerzo.

La IA puede darte ventaja — pero aún necesitas tomar acción. Si estás dispuesto a escuchar, aprender y aplicar lo que hay dentro, podrías estar en marcha en 48 horas y generando ingresos en tu primera o segunda semana.

Tu Camino Hacia Adelante

Aquí está la verdad: la mayoría de las personas seguirá viendo pasar la IA, pensando que es "demasiado tarde" o "demasiado complicada".

Pero quienes ganan son los que simplemente comienzan.

No estás atrasado. Estás exactamente donde necesitas estar — y este libro te guiará en cada paso del camino. Empieza pequeño, usa herramientas gratuitas, experimenta y evoluciona. En poco tiempo, tu side hustle impulsado por IA podría convertirse en algo más que dinero extra. Podría convertirse en libertad.

Ya sea que quieras ganar $500 al mes o $5,000 al mes, que quieras trabajar a medio tiempo o construir algo más grande — este libro es tu plataforma de lanzamiento.

Comencemos tu viaje hacia los Side Hustles Globales con IA — y desbloquea tu potencial de ingresos utilizando herramientas del futuro, disponibles para ti hoy.

Capítulo 1: Introducción a los Side Hustles con IA, Lo Que Es Posible Hoy

Estamos viviendo uno de los mayores cambios en la productividad humana de la historia moderna — y no está ocurriendo en una sala de juntas de Silicon Valley. Está ocurriendo silenciosamente, en hogares, dormitorios universitarios, cafeterías y habitaciones alrededor del mundo. La IA está transformando lo que es posible para las personas comunes con poco más que una computadora portátil o un teléfono inteligente. Y para quienes saben cómo aprovecharla, una nueva fuente de ingresos — o incluso una vida completamente nueva — está a solo una herramienta de distancia.

La inteligencia artificial ha madurado mucho más allá de sus primeras etapas. Hoy impulsa aplicaciones, automatiza tareas, escribe contenido, genera gráficos, edita videos, traduce idiomas, crea voces e incluso responde preguntas empresariales complejas. Estas capacidades, que antes estaban reservadas para desarrolladores de élite o gigantes tecnológicos, ahora están disponibles para cualquiera — incluso para principiantes absolutos. Con interfaces fáciles de usar y plantillas listas para usar, las herramientas de IA hacen posible lanzar un side hustle online legítimo sin experiencia previa, sin programación y sin conocimientos técnicos.

Aquí es donde entran los side hustles con IA. Un side hustle es simplemente una forma de generar ingresos adicionales fuera de tu trabajo principal o rutina — y la IA hace que iniciar uno sea más rápido, fácil y económico que nunca. Puedes crear contenido para redes sociales para clientes usando herramientas como Canva y ChatGPT. Puedes lanzar un canal de YouTube sin mostrar tu rostro utilizando herramientas de video y voz con IA. Puedes escribir y vender ebooks usando generadores de texto con IA. Incluso puedes ofrecer consultoría en IA a pequeñas empresas de tu comunidad que no saben por dónde empezar. Cada uno de estos side hustles tiene el potencial de crecer hasta convertirse en un negocio a tiempo completo o generar ingresos pasivos significativos.

Una de las mayores ventajas de los side hustles con IA es lo globales y escalables que son. No necesitas vivir en una gran ciudad ni hablar inglés perfectamente para participar. Las herramientas de IA admiten múltiples idiomas, y muchas de ellas son gratuitas o ofrecen modelos freemium muy generosos. Esto significa que alguien en Kenia, Bangladesh o México tiene tantas oportunidades como alguien en Nueva York o Londres. El campo de juego nunca ha estado tan nivelado. Y como estas herramientas funcionan en línea, puedes operar tu side hustle desde cualquier lugar — ya sea desde tu sala de estar o desde una cafetería frente a la playa en Bali.

Otro beneficio clave es la velocidad con la que puedes comenzar. Los side hustles tradicionales suelen requerir inventario, envíos, sitios web complejos o capacitación especializada. Con la IA, no. Con la orientación correcta (que este libro te proporcionará), puedes pasar de la idea a la ejecución en cuestión de días — a veces incluso en horas. Supongamos que quieres ofrecer servicios de redacción. Puedes usar ChatGPT para generar artículos de blog, contenido para sitios web o textos de ventas. Luego, puedes listar tu servicio en Fiverr o Upwork, crear algunas muestras y comenzar a postularte a trabajos. Si deseas crear un curso en video, herramientas como Pictory, Synthesia y ElevenLabs pueden ayudarte a escribir, producir y narrar videos completamente con IA.

Pero antes de profundizar en side hustles específicos, es importante comprender las habilidades fundamentales que te harán exitoso sin importar qué hustle con IA elijas. Primero, necesitas sentirte cómodo explorando nuevas herramientas. Muchas personas dudan en probar la IA porque temen romper algo o confundirse. Pero la verdad es que estas herramientas están diseñadas para ser intuitivas. Juega con ellas, experimenta y mira algunos tutoriales — la mayoría de las plataformas tienen videos gratuitos que explican todo en minutos. Segundo, debes enfocarte en crear valor. No uses la IA solo para hacer trabajo mecánico. Úsala para resolver problemas, ahorrar tiempo a las personas o facilitarles la vida. Eso es por lo que los clientes están dispuestos a pagar.

También es útil tratar tu side hustle con IA como un negocio real, incluso si solo le dedicas una o dos horas al día. Eso significa establecer metas claras de ingresos, hacer seguimiento de tu progreso y aprender constantemente cómo mejorar. Muchos emprendedores exitosos con IA comenzaron haciendo una sola cosa de manera consistente — escribiendo descripciones de productos, creando videos cortos, construyendo sitios web simples — y gradualmente aumentaron sus ingresos al perfeccionar su nicho y cobrar más con el tiempo.

Finalmente, querrás pensar a largo plazo. La IA no es solo una tendencia — es la base de la economía del futuro. Cuanto antes aprendas a trabajar con ella, más protegerás tu ingreso frente al futuro. Imagina haber sido de los primeros en entender cómo internet cambiaría los negocios en los años noventa. Ahí es donde está la IA hoy. No llegas tarde. Llegas temprano. Y este libro es tu atajo para adelantarte.

En los próximos capítulos, recorreremos 10 de los mejores side hustles globales con IA que puedes comenzar de inmediato. Cada uno incluirá un plan paso a paso, las mejores herramientas para usar, cómo encontrar clientes o vender tu servicio, y cómo escalar cuando estés listo. Al final, tendrás todo lo que necesitas para elegir uno o varios que se alineen con tus objetivos y tu estilo de vida.

No necesitas financiamiento, un título universitario ni un equipo. Solo necesitas iniciativa, constancia y la disposición de tomar acción. Así que si alguna vez te has sentido estancado, agotado o inseguro de cómo ganar más dinero sin sacrificar tu tiempo o tu libertad — bienvenido. Estás exactamente donde necesitas estar. Comencemos.

James tenía 29 años y vivía en un pequeño apartamento de dos habitaciones en Nairobi, Kenia. Su trabajo a tiempo completo en una empresa local de logística apenas le alcanzaba para cubrir el alquiler y la comida, y no quedaba mucho para nada más. Tenía sueños — grandes sueños — de viajar, iniciar un negocio y ayudar a sus hermanos menores a terminar la escuela. Pero como la mayoría de las personas a su alrededor, se sentía atrapado. Los caminos tradicionales hacia el éxito — carreras largas, grandes capitales, ascensos corporativos — parecían rutas lentas e inciertas que requerían recursos que no tenía.

Entonces, un día, mientras navegaba por YouTube, James se encontró con un video titulado "Gana $1,000 al mes con herramientas de IA — No se necesita experiencia". Escéptico pero curioso, hizo clic. El video mostraba a alguien usando ChatGPT para escribir artículos de blog y automatizar respuestas de servicio al cliente. Sonaba demasiado bueno para ser verdad. Pero cuando James probó la herramienta por sí mismo, algo hizo clic. Escribió: "Escribe un artículo de 500 palabras sobre cómo iniciar un pequeño negocio en Kenia". En segundos, la IA entregó un texto claro y coherente. Su mandíbula cayó.

Esa noche, apenas durmió. Exploró herramientas de IA hasta la mañana siguiente: generadores de imágenes, creadores de video, clonadores de voz, redactores de documentos. Todo gratis. Todo disponible para él en ese mismo momento. No necesitaba ser desarrollador. Ni siquiera necesitaba una computadora — solo su teléfono y una conexión a internet. Y por primera vez en mucho tiempo, James se sintió emocionado. No abrumado. No intimidado. Simplemente listo.

Comenzó en pequeño. Usó ChatGPT para ayudar a escribir y mejorar currículums para amigos. Luego publicó sus servicios en grupos locales de Facebook y en plataformas de freelancers como Fiverr. Su primer cliente le pagó $15 por escribir descripciones de productos para una tienda de ropa en línea. Luego otro le pagó $30 por reescribir el contenido de un sitio web. Con cada proyecto, refinó su proceso, usando la IA para acelerar el trabajo y entregar una calidad mejor que nunca.

Al final de su primer mes, había ganado $312 — más que una semana de salario en su trabajo a tiempo completo. Y no había trabajado horas extra. De hecho, dedicó menos de dos horas al día a su side hustle. Animado por los resultados, James reinvirtió parte del dinero en herramientas como Grammarly y Canva Pro, que hicieron que su trabajo se viera aún más profesional. Comenzó a ofrecer paquetes de contenido para redes sociales, combinando la escritura de ChatGPT con los diseños de Canva y programando publicaciones para clientes en Kenia, Sudáfrica e incluso el Reino Unido.

La voz empezó a correr. A los dueños de pequeños negocios les encantaba su rapidez y resultados profesionales. A la mayoría no le importaba que usara IA — les importaba que el trabajo estuviera bien hecho y a tiempo. En cuatro meses, James estaba ganando consistentemente más de $1,200 al mes solo con su side hustle — más que en su trabajo principal. Por primera vez, podía pagar todas sus cuentas, enviar dinero a casa e incluso empezar a ahorrar.

Lo que más sorprendió a James no fue el ingreso — fue la simplicidad. La mayor barrera siempre había sido la mentalidad. Una vez que se dio cuenta de que la IA podía hacer el 70% del trabajo, él solo necesitaba guiarla el 30% restante. Ya no tenía que "crear desde cero". Solo tenía que dirigir el proceso, editar con intención y entregar soluciones. Se convirtió en el puente entre el potencial de la IA y las necesidades reales de los pequeños negocios.

Una noche, sentado en la azotea de su edificio, con la laptop abierta, la brisa soplando y una taza de café en la mano, James sonrió. No era rico — todavía no. Pero era libre. Libre para trabajar cuando y donde quisiera. Libre para atender clientes en cualquier país. Libre para soñar de nuevo.

Su historia no era única. En todo el mundo, personas como James — estudiantes, padres, jubilados — estaban descubriendo herramientas de IA y lanzando pequeñas pero escalables fuentes de ingresos. Lo que antes requería equipos tecnológicos ahora tomaba solo unos pocos clics. Lo que antes necesitaba capital ahora requería curiosidad.

James suele pensar en aquel video aleatorio de YouTube. No le cambió la vida. Él lo hizo — al actuar.

Y ahora, al igual que James, tú estás al borde de algo poderoso. Las herramientas están listas. La oportunidad es real. La única pregunta es: ¿Vas a empezar?

Capítulo 2: Freelancing Impulsado por IA, Vende Servicios Sin Hacer el Trabajo

El freelancing siempre ha sido una forma poderosa de ganar dinero en línea, pero con el auge de la inteligencia artificial, se ha vuelto dramáticamente más fácil — y mucho más escalable. En el pasado, los freelancers tenían que poseer la habilidad que estaban vendiendo: diseño gráfico, redacción, edición de video, locución o marketing. Hoy, puedes ofrecer estos servicios sin ser experto en ninguno de ellos — porque la IA ahora puede hacer entre el 70 % y el 90 % del trabajo por ti. El secreto está en aprender a posicionar, empaquetar y entregar tus servicios utilizando herramientas de IA para hacer el trabajo pesado.

Empecemos por cómo funciona esto. Como freelancer, tu trabajo es resolver un problema para un cliente. Tal vez necesiten un logotipo, un artículo de blog, un video o una locución. En lugar de crear todo manualmente, usas herramientas de IA para satisfacer esa necesidad de forma rápida y asequible. Por ejemplo, puedes usar ChatGPT para escribir textos de marketing o artículos de blog, Canva o Looka para diseñar logotipos y gráficos empresariales, Pictory u Opus Clip para crear contenido en video, y ElevenLabs para generar locuciones con sonido humano. No estás reemplazando la habilidad humana — estás acelerando la producción usando la IA como tu asistente creativo.

Este es el modelo básico: primero, elige una categoría de freelancing en la que la IA destaque — como redacción, contenido para redes sociales, descripciones de productos, email marketing, gráficos simples o videos cortos. Luego, crea de 2 a 3 paquetes de servicios que expliquen claramente qué incluyen (por ejemplo, "5 descripciones de productos con optimización SEO" o "10 gráficos para Instagram con textos"). Después, utiliza herramientas de IA para realizar el trabajo cuando lleguen los pedidos. La clave es la eficiencia — la IA te permite entregar más en menos tiempo sin sacrificar la calidad.

Ahora, hablemos de las plataformas. Si estás comenzando, Fiverr es una de las formas más rápidas de publicar tus servicios y obtener visibilidad. A diferencia de otros sitios de freelancing donde debes postularte a trabajos, Fiverr te permite crear un perfil y dejar que los clientes lleguen a ti. Configura tu gig con títulos claros y orientados a beneficios como "Escribiré artículos de blog impulsados por IA que posicionan" o "Crearé increíbles publicaciones para redes sociales generadas con IA". Asegúrate de que las imágenes de portada sean llamativas e incluye muestras creadas con IA para mostrar la calidad que puedes ofrecer.

Otras excelentes plataformas para explorar incluyen Upwork, PeoplePerHour, Legiit e incluso grupos de Facebook o contacto directo en LinkedIn. Pero recuerda — el éxito no viene de estar en todas partes, sino de hacer bien una sola cosa y construir reseñas. Si entregas rápido, te mantienes profesional y te comunicas con claridad, destacarás rápidamente. A los clientes no les importa cómo se hace el trabajo — les importa que esté bien hecho y a tiempo.

También puedes revender servicios generados con IA. Este modelo se llama "arbitraje digital". Supongamos que un cliente en Upwork paga $150 por un video de producto. Tú usas Pictory o Synthesia para generar un video limpio con IA por $10 o incluso gratis, lo perfeccionas y lo entregas. Básicamente, actúas como gestor de proyecto e intermediario — conectando la demanda con las herramientas. Esto te permite ofrecer una amplia gama de servicios sin contratar un equipo ni aprender la parte técnica.

Con el tiempo, incluso puedes convertir esto en una microagencia. Digamos que te especializas en creación de contenido con IA para agentes inmobiliarios. Podrías ofrecer un paquete mensual de contenido que incluya 10 publicaciones para Instagram, 4 artículos de blog y 2 videos cortos — todo generado y editado con IA. Pasarías solo unas pocas horas al mes creando todo, pero ganarías cientos (o miles) en ingresos recurrentes. Ahí es donde ocurre la verdadera magia del freelancing con IA: la escala.

Uno de los mayores miedos que tienen las personas es el síndrome del impostor — "¿Y si no estoy calificado?" o "¿Y si el cliente descubre que usé IA?". Pero la verdad es que a los clientes no les importa cómo produces el trabajo — les importan los resultados. De hecho, muchas empresas ahora esperan que los freelancers utilicen herramientas de IA. Les estás ahorrando tiempo y dinero. Y si tu producto final es de alta calidad, consistente y asequible, seguirán contratándote — a menudo de forma recurrente.

Para tener éxito en el freelancing impulsado por IA, enfócate en la velocidad, la claridad y el profesionalismo. Entrega tu trabajo antes de la fecha límite. Comunícate rápidamente con los clientes. Da más de lo esperado en tus primeros encargos para construir prueba social. No necesitas docenas de clientes — solo necesitas unos pocos que confíen en ti. A partir de ahí, puedes aumentar tus tarifas, optimizar tu proceso de entrega y ampliar tu oferta.

En este capítulo, exploramos cómo puedes lanzar un side hustle de freelancing sin habilidades tradicionales — utilizando IA para satisfacer las necesidades de los clientes de forma eficiente. Puedes ofrecer redacción, edición de video, contenido para redes sociales, locuciones, traducciones y mucho más. La oportunidad es enorme y crece cada día. En el próximo capítulo, profundizaremos en la creación de contenido con IA — cómo escribir, diseñar y distribuir ebooks, plantillas y productos digitales que se vendan en piloto automático.

Pero por ahora, tu misión es simple: elige un servicio freelance, crea un perfil gratuito en Fiverr o Upwork y pruébalo usando IA. No esperes a que sea perfecto — empieza de forma imperfecta, mejora sobre la marcha y deja que la IA sea tu superpoder.

María vivía en Medellín, Colombia. Madre soltera de dos hijos, había perdido recientemente su trabajo como recepcionista cuando el hotel donde trabajaba cerró durante una recesión económica. Sin un título universitario y con ahorros limitados, sus opciones parecían desalentadoras. Intentó vender snacks en escuelas locales, ofreció servicios de cuidado de niños e incluso consideró dejar a sus hijos con familiares para buscar trabajo en el extranjero. Pero nada era constante. Nada pagaba lo suficiente. Y el estrés iba en aumento.

Una noche, después de que los niños se durmieran, María entró a TikTok para relajarse. Fue entonces cuando vio un video corto que le cambió la vida. Mostraba a alguien usando una herramienta llamada ChatGPT para escribir correos electrónicos y ganar dinero con ello en Fiverr. La persona del video afirmaba que no era escritora ni hablaba inglés con fluidez — pero aun así ganaba cientos de dólares por semana.

María era escéptica. Su inglés no era perfecto y no tenía experiencia escribiendo más allá de mensajes de texto. Pero algo en ese video le dio esperanza. A la mañana siguiente, encendió su vieja laptop y escribió "ChatGPT" en Google. En cuestión de minutos, estaba conversando con un chatbot. Cuando escribió: "¿Puedes escribir una descripción de producto para joyería hecha a mano?", la IA respondió al instante con un texto limpio y profesional. Sus ojos se abrieron de par en par.

Ese día pasó horas explorando. Le pidió a ChatGPT que escribiera correos electrónicos, eslóganes, captions para Instagram y descripciones de productos. Cada vez, cumplía. Se dio cuenta de que no necesitaba ser copywriter — solo necesitaba ser la directora. Si podía guiar a la IA, editar lo que entregaba y presentar un resultado pulido, podía vender ese servicio.

María se registró en Fiverr. No lo pensó demasiado — eligió un título simple para su gig: "Escribiré descripciones de productos con SEO y captions para redes sociales". Subió algunos ejemplos que había generado con ChatGPT y añadió una imagen brillante y alegre como portada de su gig. Sin logotipo. Sin currículum. Solo esfuerzo y optimismo.

Su primer pedido llegó dos días después: un vendedor de joyas de Canadá quería 10 descripciones de productos. Entró en pánico por un momento — pero luego abrió ChatGPT, ingresó los nombres de los productos y comenzó a refinar los resultados. Dos horas después, entregó el pedido. El cliente quedó encantado. Dejó una reseña de cinco estrellas y una propina.

Esos primeros $25 se sintieron como un millón. No era solo dinero — era prueba. Prueba de que alguien, en algún lugar, valoraba lo que ella podía hacer.

Pronto, María se expandió. Añadió nuevos gigs: escribir artículos de blog, crear contenido para Instagram e incluso redactar correos de agradecimiento para pequeños negocios. Aprendió a usar Canva para gráficos rápidos y Grammarly para pulir su escritura. Los clientes llegaron de todas partes — Estados Unidos, Australia, Reino Unido e incluso su propio país. Algunos incluso le ofrecieron trabajo recurrente cada semana.

En tres meses, María ganaba más de $600 al mes. Puede que no parezca una fortuna en Nueva York, pero en Medellín cubría el alquiler, la comida y los útiles escolares — y aún quedaba dinero. Más importante aún, no tuvo que dejar a sus hijos. Trabajaba desde casa, por las mañanas antes de la escuela y por las noches después de dormirlos.

Para el sexto mes, creó paquetes de servicios. Por $150, escribía 10 captions para redes sociales, diseñaba las publicaciones en Canva y las programaba usando Buffer. Todo asistido por IA. No lo ocultaba. Compartía con orgullo que usaba herramientas de IA para aumentar su velocidad y ofrecer un mejor servicio. A los clientes les encantaba la transparencia — y valoraban aún más sus resultados.

María se había convertido en algo más que una freelancer. Era dueña de un negocio. Solucionadora de problemas. Proveedora. Y nada de eso habría sucedido si hubiera esperado a tener un inglés perfecto, un título elegante o el "momento adecuado".

A menudo les dice a otras madres de su comunidad lo mismo: "No necesitas ser la mejor — solo necesitas empezar".

La IA no la reemplazó. La amplificó. Le dio un nuevo conjunto de herramientas para servir a personas en todo el mundo. Y le dio a sus hijos una nueva versión de su mamá: presente, segura y finalmente en control.

Capítulo 3: Venta de Productos Digitales Generados con IA en Etsy, Gumroad y Más

Los productos digitales son una de las fuentes de ingresos más poderosas disponibles hoy en día. No requieren inventario, envíos ni almacenes — y lo mejor de todo es que pueden crearse una sola vez y venderse repetidamente, lo que los hace ideales para generar ingresos pasivos. Con la inteligencia artificial, ya no necesitas ser diseñador, escritor ni programador para crear productos digitales de alta calidad. En este capítulo, exploraremos cómo usar la IA para crear y vender productos digitales en plataformas como Etsy, Gumroad, Payhip y otras — incluso si comienzas sin experiencia y sin presupuesto.

Un producto digital es cualquier artículo descargable o accesible que aporte valor a alguien. Esto puede incluir ebooks, guías, listas de verificación, plantillas, planners, diarios, cursos, imprimibles, libros para colorear, hojas de cálculo e incluso arte digital. La belleza de los productos digitales es que no cuesta nada reproducirlos — tus márgenes de ganancia pueden acercarse al 100 %. Una vez que tu producto está creado y subido a un marketplace, puede venderse una y otra vez sin que tengas que mover un dedo.

Las herramientas de IA hacen que todo este proceso sea increíblemente sencillo. Por ejemplo, puedes usar ChatGPT para escribir ebooks, planners o guías de negocio. ¿Quieres crear un plan de comidas de 30 días? Pídele a ChatGPT un desglose de comidas, listas de compras y consejos. ¿Quieres crear un rastreador de finanzas personales? Usa Google Sheets junto con ChatGPT para ayudarte a construirlo y darle formato. Luego, mejora el diseño con Canva, utilizando plantillas de arrastrar y soltar para darles a tus productos una apariencia profesional.

Para productos visuales o imprimibles — como arte para pared, tarjetas de afirmaciones o planners de bodas — herramientas como Canva, Midjourney y DALL·E pueden generar imágenes y diseños de páginas según tus indicaciones. Simplemente escribe lo que quieres, ajusta los resultados y organízalos en formato PDF, PNG o JPG. Puedes crear un producto completo en una sola tarde, subirlo a un marketplace y comenzar a vender en menos de 24 horas.

Una vez que hayas creado tu producto, el siguiente paso es la distribución. Etsy es un marketplace enorme para imprimibles, diarios y plantillas. Abrir una tienda es gratuito y cada listado de producto cuesta solo $0.20. No necesitas imprimir nada — los clientes descargan tus archivos después de la compra. Solo asegúrate de agregar un título claro, imágenes de mockup atractivas (que puedes crear en Canva o

Placeit) y una descripción enfocada en beneficios. El SEO es importante aquí — usa palabras clave como "planner de presupuesto para mamás", "lista de verificación para bodas" o "tarjetas de afirmaciones para la ansiedad" para aparecer en las búsquedas de Etsy.

Si deseas más control y menos comisiones, considera Gumroad o Payhip. Estas plataformas te permiten vender directamente a tu audiencia mediante un enlace — perfecto para creadores en YouTube, TikTok o Instagram. Puedes incrustar botones de compra en tu blog, ejecutar campañas de email marketing o asociarte con afiliados para promocionar tu producto a cambio de un porcentaje de cada venta. Gumroad ofrece analíticas integradas, códigos de descuento y recopilación de correos electrónicos de clientes — lo que lo convierte en una opción sólida para escalar tus ventas.

¿Qué tipos de productos se venden bien? Observa las tendencias. Visita Etsy o Gumroad y busca las categorías más vendidas. A menudo encontrarás:

Planners de bodas

Rastreadores de presupuesto

Diarios digitales

Rastreadores de hábitos diarios

Libros de actividades para niños

Calendarios de contenido para redes sociales

Plantillas de currículum

Planners de ideas de negocio
Imprimibles de fitness o nutrición

Estos productos suelen crearse en Canva, escribirse con ayuda de IA y exportarse como descargas digitales. No necesitas reinventar la rueda — solo empaquetar una demanda existente de una forma más limpia, simple o específica.

El precio es importante. Comienza con precios accesibles — entre $5 y $15 para imprimibles o plantillas. A medida que tu tienda crezca y construyas reputación, puedes introducir paquetes y kits digitales de mayor precio. Algunos vendedores llegan a ganar entre $1,000 y $10,000 al mes con menos de 20 productos, simplemente porque sus listados están optimizados para SEO, son visualmente atractivos y cubren una necesidad real.

Una de las mayores oportunidades está en combinar contenido generado por IA en paquetes o bibliotecas temáticas. Por ejemplo, en lugar de vender un solo planner de presupuesto, crea un "Kit Inicial de Libertad Financiera" que incluya 3 planners, 2 listas de verificación y una mini guía. Con la IA, esto solo toma unas pocas horas adicionales — y te permite cobrar significativamente más.

La constancia es clave. En lugar de lanzar un solo producto y esperar un éxito instantáneo, comprométete a lanzar un nuevo producto cada semana durante un mes. Optimiza tus listados, recopila reseñas y prueba diferentes precios. Aprende de lo que se vende. Rápidamente construirás una tienda que genere ingresos incluso mientras duermes.

En el próximo capítulo, exploraremos cómo usar estas mismas habilidades para lanzar y automatizar un negocio de publicación de ebooks impulsado por IA — incluidos los audiolibros. Pero por ahora, comienza con una sola idea de producto digital. Usa la IA para redactar, diseñar y exportarlo. Configura tu tienda en Etsy, Gumroad o Payhip. Y publícalo. Tu primera venta podría estar a solo unos clics de distancia.

Hablemos de Leila por un momento. Leila era maestra de secundaria en Filipinas. Apasionada por la educación y conocida por sus hojas de trabajo perfectamente organizadas, amaba a sus estudiantes — pero las largas horas y el bajo salario la estaban agotando. Cuando llegó la pandemia, sus ingresos cayeron drásticamente y comenzó a buscar formas de complementarlos. Una amiga le mencionó "vender imprimibles en Etsy", pero Leila descartó la idea. No era diseñadora, no sabía mucho de negocios en línea y no tenía idea de por dónde empezar.

Pero una noche, mientras navegaba por un grupo de Facebook para docentes, vio una publicación que cambió su forma de pensar. Una mujer en Brasil había ganado más de $1,000 en un mes vendiendo planners digitales creados con IA y Canva.

La mujer explicaba cómo había usado ChatGPT para escribir los contenidos del planner y Canva para diseñar el formato – sin tecnología avanzada, solo herramientas básicas y creatividad. Leila quedó intrigada.

Se dio una semana para intentarlo.

Abrió ChatGPT y escribió: "Dame 30 preguntas de diario para que adolescentes manejen el estrés". En segundos, apareció la lista. Luego pidió: "Crea un planner de gratitud simple de 4 semanas con frases motivacionales". Otro resultado instantáneo. Copió el texto en Canva usando una de las plantillas gratuitas de planners, añadió algunos colores, subió íconos gratuitos de la biblioteca de Canva y exportó el archivo como PDF.

Publicó su "Diario de Bienestar Mental para Adolescentes" en Etsy por $5. No le costó nada crearlo. Usó Canva para crear mockups del producto – una portada de cuaderno digital, una vista previa de las páginas interiores – y escribió una breve descripción con palabras clave como diario para ansiedad adolescente e imprimible de salud mental. Su primera venta llegó cinco días después. Luego vinieron dos más la semana siguiente. Una clienta dejó una reseña excelente, diciendo que su hija había comenzado a escribir en el diario todas las noches.

Motivada, Leila creó más productos. Un rastreador de presupuesto para estudiantes. Una plantilla digital de tablero de visión. Un planner imprimible para educación en casa. Cada uno le tomó menos de un día usando ChatGPT para el contenido y Canva para el diseño. Los publicó todos en Etsy, luego los listó también en Gumroad y los compartió en Pinterest. Poco a poco, su tienda comenzó a crecer.

Al final de su segundo mes, tenía 12 productos y había ganado $385 en ventas digitales. El verdadero punto de inflexión llegó cuando creó un paquete: "El Kit Definitivo de Crecimiento para Adolescentes", que incluía cinco de sus planners en una sola descarga. Se vendía por $14.99 — y se convirtió en su producto más vendido. A los padres les encantó. Los maestros lo compraron para aulas completas. Leila incluso recibió un correo electrónico de una orientadora escolar preguntando si podía crear una versión personalizada para sus estudiantes.

Leila ya no se veía a sí misma como "solo una maestra". Era una creadora digital. Sus productos ayudaban a personas — no solo en Filipinas, sino en todo el mundo. Y seguían vendiéndose mientras ella dormía, cocinaba o jugaba con su sobrina. La sensación de ganar dinero de forma pasiva cambió la manera en que veía el tiempo, el trabajo y la libertad.

Con el tiempo, Leila usó sus ganancias para pasar a un puesto de enseñanza a medio tiempo en lugar de tiempo completo, liberando más horas para expandir su tienda. Construyó líneas de productos temáticos, ofreció diarios personalizados y experimentó con stickers digitales y páginas para colorear. Su confianza creció con cada descarga.

¿Su parte favorita? No necesitó ser experta en tecnología. La IA y Canva se convirtieron en sus socios silenciosos. La ayudaron a crear más rápido y de forma más eficiente de lo que jamás habría podido sola.

Leila suele reflexionar sobre aquel primer planner que subió con las manos temblando. "No necesitaba ser perfecto", dice. "Solo necesitaba existir".

Y esa es la lección para cualquiera que esté comenzando. Tu primer producto no será el mejor — pero podría ser tu gran avance.

Capítulo 4: Creación de Ebooks y Audiolibros Generados con IA para Ingresos Pasivos

Los ebooks y los audiolibros se encuentran entre las formas más poderosas de bienes raíces digitales en la economía online actual. Una vez creados, pueden generar ingresos pasivos durante años — sin envíos, inventario ni atención al cliente. Y ahora, gracias a la IA, cualquiera puede convertirse en autor publicado o creador de audiolibros, incluso sin experiencia escribiendo, sin una editorial o sin formación en locución. En este capítulo, recorreremos cómo usar la IA para escribir, formatear, publicar e incluso narrar ebooks y audiolibros, todo desde tu hogar.

Comencemos con los ebooks. En el pasado, escribir un libro tomaba meses — incluso años. Hoy, con la ayuda de ChatGPT, puedes generar contenido de alta calidad rápidamente y estructurarlo en capítulos. La clave es comenzar con un tema o audiencia específica. Por ejemplo, en lugar de escribir "Cómo Iniciar un Negocio", podrías escribir "Cómo Iniciar un Negocio de Redacción Freelance en 30 Días". Cuanto más específico seas, más probabilidades tendrás de destacar y atraer compradores.

Una vez que hayas elegido tu tema, usa ChatGPT para crear el esquema del libro. Pídele que genere un desglose capítulo por capítulo y luego que amplíe cada capítulo con ejemplos, pasos accionables y explicaciones. Edita el contenido según sea necesario para añadir toques personales o relevancia regional. También puedes pedirle a ChatGPT que reescriba el texto con un tono específico — casual, profesional, humorístico o inspirador. Esto le dará personalidad a tu libro, lo que ayuda a conectar con los lectores.

Cuando tu contenido esté listo, formátalo en Google Docs o Microsoft Word y luego expórtalo como PDF. Para publicar en Amazon Kindle, usarás KDP (Kindle Direct Publishing), una plataforma gratuita que te permite subir tu ebook, establecer tu precio y llegar a lectores de todo el mundo. Necesitarás una portada (que puedes crear en Canva) y una descripción del libro con palabras clave relevantes. Tu libro aparecerá en Amazon en un plazo de 72 horas, y comenzarás a ganar regalías cada vez que alguien descargue o compre una copia.

Pero el verdadero cambio de juego es convertir tu ebook en un audiolibro. Los audiolibros son el segmento de más rápido crecimiento en la industria editorial actual. Muchas personas prefieren escuchar mientras se desplazan, hacen ejercicio o realizan varias tareas a la vez. Y gracias a herramientas de IA como ElevenLabs, puedes crear narraciones realistas a partir del contenido de tu ebook — sin necesidad de un estudio.

Para crear un audiolibro narrado con IA, pega tu ebook capítulo por capítulo en ElevenLabs o una herramienta similar, elige una voz (hay docenas, incluidas opciones masculinas y femeninas con múltiples acentos) y exporta la narración en formato MP3. Para un acabado más profesional, usa Audacity (una herramienta gratuita de edición de audio) para recortar silencios, ajustar el ritmo y añadir música de introducción y cierre. Ahora tienes un audiolibro completo.

Puedes vender tu audiolibro en Findaway Voices, que distribuye a plataformas como Audible, Spotify, Apple Books y más. Otra opción es usar Gumroad o Payhip y vender directamente a tu audiencia mediante un enlace de descarga. Si ya tienes una audiencia en YouTube o Instagram, esto te permite conservar una mayor parte de las ganancias mientras construyes una relación directa con tus oyentes.

¿Sobre qué debería tratar tu ebook? Enfócate en resolver un problema. Por ejemplo:
"Arreglo Financiero en 30 Días: Cómo Salir de Deudas Rápidamente"
"Planificación de Comidas para Mamás Ocupadas"
"Cómo Iniciar una Carrera Freelance Sin Experiencia"
"La Guía del Introvertido para Vender en Línea"
"Ejercicios en Casa para Personas Mayores: Rutina Diaria de 15 Minutos"

Usa herramientas como ChatGPT, BookBolt o las listas de más vendidos de Kindle en Amazon para investigar qué ya se está vendiendo — y luego crea tu propio enfoque único.

El precio depende de tu mercado. Los ebooks en Amazon suelen oscilar entre $2.99 y $9.99. Los audiolibros pueden venderse entre $7 y $25 o más. Cuando se ofrecen en conjunto, puedes crear "paquetes de valor" que justifiquen precios más altos — especialmente si incluyes PDF + audio + una lista de verificación adicional.

La constancia y el volumen son tus aliados. Muchos autores exitosos publican varios libros cortos (de 30 a 80 páginas cada uno) en diferentes nichos. Con IA, puedes escribir y publicar un nuevo ebook cada 1 o 2 semanas. Con el tiempo, un catálogo de 10 a 20 libros puede generar cientos o incluso miles de dólares al mes, incluso sin publicidad.

En resumen: la IA hace que escribir y narrar libros sea más accesible que nunca. Con las herramientas adecuadas, un tema claro y una estrategia de publicación, puedes crear una fuente de ingresos que se multiplique con el tiempo. En el próximo capítulo, exploraremos cómo usar la IA para crear y hacer crecer canales de YouTube sin mostrar el rostro que pueden generar ingresos sin aparecer nunca frente a la cámara. Pero por ahora, elige tu tema, crea el esquema con IA y da tu primer paso para convertirte en autor publicado — sin intermediarios.

De guardia de seguridad a side hustle.

Omar era guardia de seguridad nocturno en Marruecos. Su trabajo era tranquilo, rutinario y apenas suficiente para cubrir lo básico — alquiler, comida y ayudar a sus padres. Pero con turnos nocturnos largos y horas interminables de silencio, a menudo se perdía en sus pensamientos. Siempre le habían gustado los libros, especialmente los de desarrollo personal y finanzas. Soñaba con escribir uno, pero cada vez que se sentaba a empezar, se sentía abrumado. El inglés no era su primer idioma. No sabía por dónde comenzar. Y la idea de publicar un libro parecía imposible.

Una noche durante su turno, leyó un artículo sobre cómo usar ChatGPT para escribir ebooks. El autor afirmaba que había publicado cinco libros en 30 días y que ganaba más de $1,500 al mes en regalías. Parecía una locura. Pero la curiosidad pudo más, y Omar decidió intentarlo por sí mismo.

Abrió ChatGPT en su teléfono y escribió: "Dame un esquema para un ebook corto titulado 'Cómo Ahorrar Tus Primeros $1,000'". Al instante, la IA le dio un desglose de 10 capítulos con consejos prácticos. Le pidió que desarrollara el Capítulo 1. Luego el Capítulo 2. En 30 minutos, tenía casi 2,000 palabras escritas — claras, bien estructuradas y mucho mejores de lo que habría escrito solo.

La noche siguiente, pulió el contenido, añadió ejemplos

personales de su propio proceso de ahorro y formateó los capítulos usando Google Docs. Pasó horas en Canva diseñando una portada sencilla: una alcancía, una tipografía limpia y una combinación de colores azul y blanco. No era perfecta, pero se veía profesional.

Creó una cuenta en Amazon KDP, subió el archivo y presionó "Publicar".

Tres días después, su libro apareció en Amazon.

Omar no podía creerlo. Un libro con su nombre. En vivo. Público. A la venta. Compartió el enlace con amigos, publicó en algunos grupos financieros de Facebook y esperó. Pasó una semana. Luego, una mañana, recibió un correo electrónico: "Has ganado $2.09 en regalías". Alguien había comprado su ebook.

Se sintió como si hubiera ganado la lotería. No por el dinero — sino porque significaba que el sistema funcionaba.

Publicó otro. Luego otro más. Creó una serie corta sobre presupuesto, side hustles e inversión para principiantes — todos escritos con ayuda de ChatGPT, cada uno formateado en Canva y cada uno ligeramente mejor que el anterior. Los fijó en $4.99 cada uno y los subía a Amazon cada 10 días. Las ventas pasivas comenzaron a llegar poco a poco.

Entonces llegó la gran idea.

¿Y si convertía estos ebooks en audiolibros?

Encontró una herramienta llamada ElevenLabs que le permitía pegar texto y convertirlo en una locución realista. Eligió una voz masculina con tono seguro y acento neutral, y comenzó a convertir sus libros capítulo por capítulo. Usando una aplicación gratuita llamada Audacity, limpió el audio, añadió una introducción y un cierre con música suave de fondo, y exportó todo en formato MP3.

Subió su primer audiolibro a Findaway Voices y seleccionó distribución en Spotify, Audible y Apple Books. Unas semanas después, recibió otro correo electrónico: "Tu audiolibro ha generado $17.54".

No era una fortuna — pero era prueba de concepto. Había creado algo que ganaba dinero mientras dormía, caminaba al trabajo o se sentaba tranquilamente en su puesto de seguridad. Su trabajo no había cambiado — pero su futuro sí.

Ahora, Omar se propone publicar un ebook y un audiolibro cada dos semanas. Tiene más de una docena de títulos. Algunos venden solo una o dos copias al mes. Otros generan más de $100 mensuales de forma constante. En conjunto, producen más de $600 al mes — lo mismo que su salario. Y siguen creciendo.

Lo que más le gusta no es el dinero. Es la libertad. No persigue clientes, no trabaja horas extra ni gestiona devoluciones. Sus libros ayudan a las personas. Resuelven problemas. Y existen porque Omar dejó de esperar y empezó a crear — con la ayuda de la IA.

Les dice a sus amigos todo el tiempo: "No necesitas ser escritor. Solo necesitas una historia. O una habilidad. O una lección. La IA puede ayudar con el resto".

Y ahora, gracias a un chatbot gratuito, una cuenta de Canva y un turno nocturno silencioso, Omar es autor. Editor. Y un hombre construyendo riqueza — una página digital a la vez.

Capítulo 5: Creación de Canales de YouTube sin Rostro con Herramientas de IA

YouTube se ha convertido en una de las plataformas más rentables del planeta, con millones de creadores ganando ingresos por publicidad, comisiones de afiliados, patrocinios y ventas de productos. Pero aquí está el giro: ya no necesitas aparecer en cámara, grabar tu voz ni siquiera editar los videos tú mismo para construir un canal de YouTube exitoso. Con el poder de la IA, puedes lanzar un canal de YouTube sin rostro y automatizado, y convertirlo en una fuente de ingresos escalable — incluso si nunca has creado un video antes.

El modelo de "YouTube sin rostro" significa exactamente eso: nunca muestras tu cara. Creas contenido usando herramientas de IA para generar guiones, voces, imágenes y edición. Estos canales están prosperando en nichos como contenido motivacional, finanzas, tecnología, historia, viajes, relaciones y productividad. Las audiencias miran por el valor, no por el rostro. Y ahí está tu oportunidad.

Así es como funciona el modelo paso a paso.

Primero, elige un nicho. Debe ser un tema que te interese o que tenga demanda comprobada. Nichos ideales para principiantes incluyen "consejos para ahorrar dinero", "motivación diaria", "noticias de IA", "resúmenes de libros" o "trucos de productividad". Usa la búsqueda de YouTube para validar tu idea — escribe temas potenciales y observa cuántas vistas obtienen los videos principales. Busca canales con muchas vistas pero sin marca personal ni rostro en pantalla. Esa es tu luz verde.

Luego, usa ChatGPT o Claude AI para escribir los guiones de tus videos. Pídeles que creen un guion de 1 a 3 minutos basado en tu tema. Por ejemplo: "Escribe un guion de 90 segundos sobre los hábitos de las personas ricas". Puedes pedir un tono específico — educativo, humorístico o dramático — y hacer ajustes para que encaje con tu estilo o valores. En segundos, ya tienes tu guion.

Para convertir ese guion en audio, usa ElevenLabs o Play.ht. Estas herramientas transforman texto en locuciones realistas, con distintas voces, acentos y tonos. Elige una voz que coincida con el estilo de tu contenido. Exporta el archivo de audio y ya vas a mitad del camino.

Para el video, tienes varias opciones. La más sencilla es usar Pictory, InVideo u Opus Clip. Estas herramientas de video con IA toman tu guion o locución y generan los visuales automáticamente. Utilizan clips de video libres de derechos, añaden subtítulos e incluso sincronizan la voz con las imágenes. Puedes personalizar el estilo, agregar transiciones, música y branding — todo con simplicidad de arrastrar y soltar. Muchas de estas herramientas ofrecen pruebas gratuitas o planes mensuales de bajo costo, lo que las hace ideales para principiantes.

Una vez que tu video esté listo, súbelo a YouTube. Usa TubeBuddy o vidIQ para optimizar el título, la descripción, las etiquetas y la miniatura — todos factores clave para la visibilidad. Puedes crear miniaturas llamativas usando Canva, con texto grande y colores que coincidan con tu nicho. Mantén un estilo consistente para que tu audiencia empiece a reconocer la identidad de tu canal.

Ahora hablemos de monetización. YouTube te paga a través del Programa de Socios de YouTube, que requiere 1,000 suscriptores y 4,000 horas de visualización. Pero no esperes a ser monetizado para ganar dinero. También puedes generar ingresos:

Agregando enlaces de afiliados en la descripción del video (por ejemplo, productos de Amazon o software)

Promocionando tus propios productos digitales (como ebooks o planners)

Ofreciendo menciones pagadas o patrocinios

Reutilizando tu contenido en Instagram Reels, TikTok y Facebook para obtener ingresos publicitarios adicionales

Con la IA, puedes publicar múltiples videos por semana con una inversión mínima de tiempo. Un creador puede publicar videos motivacionales diarios con voz de IA y material de archivo. Otro puede publicar resúmenes semanales de "Herramientas de IA de la Semana". Algunos canales se enfocan en storytelling o resúmenes — todo sin aparecer jamás frente a la cámara.

Lo que hace este modelo tan escalable es el sistema. Una vez que tienes un proceso definido, puedes delegar o automatizar cada paso — generación de ideas, guiones, voz, video y publicación. Incluso puedes producir contenido en lote con semanas de anticipación. Y si un video se vuelve viral, todo tu canal puede explotar de la noche a la mañana.

La constancia es clave. La mayoría de los creadores sin rostro exitosos se comprometen con un calendario de publicación — tres veces por semana o incluso a diario — para entrenar al algoritmo y crecer más rápido. No necesitas equipos caros ni un estudio sofisticado. Necesitas buenas ideas, mensajes claros y calidad impulsada por IA.

En resumen: puedes construir un canal de YouTube sin rostro combinando ChatGPT para los guiones, ElevenLabs para las voces y Pictory o InVideo para la edición de video. Con un nicho inteligente y publicaciones regulares, esto puede convertirse en un side hustle altamente rentable o incluso en un negocio a tiempo completo — y nunca tendrás que aparecer en cámara.

En el próximo capítulo, analizaremos más de cerca el marketing de afiliados con IA — cómo usar tu contenido y herramientas para ganar comisiones promocionando productos de otras personas. Pero primero, genera 5 ideas de video, crea tu primer guion sin rostro y publica tu primer contenido. El algoritmo está esperando.

Ahora, repasemos la historia de Niko.

Niko era un estudiante universitario de 21 años en Grecia, con especialización en economía, pero mucho más apasionado por la tecnología y el desarrollo personal que por cualquier libro de texto. Tenía una personalidad tranquila y no disfrutaba ser el centro de atención. La idea de convertirse en YouTuber siempre le había intrigado — el potencial de ingresos, la libertad, la expresión creativa — pero la idea de hablar frente a una cámara, editar durante horas y enfrentar críticas lo frenaba.

Entonces, una tarde, mientras veía videos de YouTube sobre herramientas de IA, se topó con un video corto titulado: "Cómo Construí un Canal de YouTube Sin Mostrar Mi Rostro ni Usar Mi Voz". El video explicaba el concepto de canales de YouTube sin rostro impulsados por IA — con guiones de ChatGPT, voces de ElevenLabs y videos creados con herramientas como Pictory o InVideo. Se sintió como un código secreto. Y era exactamente lo que Niko había estado esperando.

Esa misma noche, eligió un nicho que ya amaba: contenido motivacional. Había leído docenas de libros sobre mentalidad, éxito y productividad — y sabía que las personas anhelaban pequeñas dosis diarias de inspiración. Abrió ChatGPT y escribió: "Escribe un guion motivacional de 90 segundos basado en los hábitos de las personas exitosas". En segundos, tuvo un monólogo pulido. Ajustó algunas frases para hacerlo más personal y luego lo llevó a ElevenLabs, eligiendo una voz tranquila y segura con un ligero acento británico.

Después, usó Pictory para subir la locución y dejar que el software la combinara con clips de video de archivo — rutinas matutinas, personas corriendo, paisajes urbanos, atardeceres. Añadió música cinematográfica de fondo y subtítulos llamativos. En menos de dos horas, tenía su primer video completo.

Niko subió el video a YouTube bajo el nombre Daily Uplift y creó una miniatura sencilla en Canva: texto blanco grande sobre un fondo negro y dorado que decía "Cambia Tu Vida en 90 Segundos". Lo etiquetó con palabras clave como "motivación", "hábitos de éxito" y "autodisciplina".

No esperaba mucho. Pero en las primeras 48 horas, el video recibió 312 vistas — mucho más de lo que había publicado antes. Luego llegó la verdadera sorpresa: alguien dejó un comentario que decía: "Esto es exactamente lo que necesitaba hoy. Suscrito".

Motivado, Niko creó otro video al día siguiente. Luego otro más. Publicó de forma constante, de tres a cuatro veces por semana, usando el mismo proceso: ChatGPT para el guion, ElevenLabs para la voz y Pictory para los visuales. En un mes, superó los 1,000 suscriptores. Un video titulado "La Regla de los 5 Minutos para Lograr Cualquier Cosa" superó las 25,000 vistas.

No solo estaba creando contenido — estaba construyendo una marca.

A los 90 días, su canal fue aprobado para la monetización de YouTube. Los ingresos por anuncios comenzaron a llegar — $12, $26, $57. Aún no era un cambio de vida, pero era constante y, lo más importante, escalable. Su antiguo trabajo de medio tiempo como mesero pagaba menos por hora de lo que ganaba en ingresos publicitarios en una sola semana de videos.

A medida que su audiencia crecía, comenzó a agregar enlaces de afiliados en las descripciones: libros que mencionaba, herramientas que usaba, cursos de productividad. Creó un ebook gratuito usando ChatGPT — "Hábitos Diarios de las Personas Más Exitosas del Mundo" — y lo ofreció como lead magnet para construir una lista de correos electrónicos.

¿Lo más increíble? Nadie en su universidad lo sabía. Sus amigos no tenían idea de que "Niko el introvertido" estaba detrás de un canal con miles de vistas y un ingreso en crecimiento. Le gustaba que fuera así.

Con el tiempo, creó un segundo canal — este enfocado en documentales cortos usando las mismas herramientas de IA. Sin rostro. Automatizado. Y le permitió crear a escala sin agotarse.

Niko suele reflexionar sobre lo cerca que estuvo de nunca intentarlo. "Si hubiera esperado a sentirme seguro, todavía estaría esperando", dice.

Gracias a la IA, un estudiante tranquilo sin habilidades de edición y sin ningún interés en aparecer en cámara había construido un activo digital que trabajaba las 24 horas. Había convertido una voz — aunque no fuera la suya — en ingresos, influencia e independencia.

Capítulo 6: Marketing de Afiliados con IA, Gana Comisiones sin Tener un Producto

El marketing de afiliados es una de las formas más accesibles y de menor riesgo para ganar dinero en línea — y cuando se combina con la IA, se vuelve aún más poderoso. La idea es simple: promocionas productos o servicios de otras personas y, cuando alguien realiza una compra a través de tu enlace único, ganas una comisión. No necesitas crear un producto, ofrecer atención al cliente ni gestionar devoluciones. Todo lo que necesitas es una audiencia y una forma convincente de compartir el valor de lo que estás promocionando. La IA facilita enormemente ambas cosas.

Para comenzar con el marketing de afiliados, primero necesitarás encontrar un producto para promocionar. Puede ser un producto físico, un curso digital, un software o incluso un servicio de suscripción. Algunas de las redes de afiliados más populares incluyen Amazon Associates, ClickBank, ShareASale, Impact y Digistore24. Si te enfocas en software, plataformas como PartnerStack, GetResponse, ConvertKit y Jasper AI ofrecen generosas comisiones recurrentes — lo que significa que sigues ganando mientras la persona continúe como cliente activo.

Una vez que hayas elegido tu producto, el siguiente paso es crear contenido en torno a él — y ahí es donde la IA realmente brilla. En lugar de luchar por escribir blogs, grabar videos o diseñar materiales de marketing, puedes usar la IA para hacer el trabajo pesado. Por ejemplo, utiliza ChatGPT para escribir un artículo como "Las 5 Mejores Herramientas para Negocios Online en 2025" e incluye tus enlaces de afiliado dentro del contenido. También puedes pedirle a ChatGPT que genere secuencias de correos electrónicos, captions para redes sociales, comparativas de productos e incluso guiones para videos de YouTube — todo adaptado al producto que estás promocionando.

Supongamos que estás promocionando una herramienta de video con IA como Pictory. Podrías usar ChatGPT para escribir un guion que compare Pictory con la edición de video tradicional. Luego, usar ElevenLabs para convertir ese guion en una locución, y crear un video demostrativo o explicativo usando el propio Pictory. Subes ese video a YouTube e incluyes tu enlace de afiliado en la descripción. Agregas un comentario fijado con el enlace y una razón para hacer clic ("¡Pruébalo gratis por 7 días!"). Acabas de crear un activo de contenido de alta conversión que trabaja para ti las 24 horas.

Para plataformas como TikTok, Instagram o Pinterest, usa Canva para diseñar portadas de video corto, infografías o carruseles que expliquen el beneficio de tu producto.

Herramientas como Opus Clip pueden convertir tu video largo de YouTube en múltiples videos cortos y verticales listos para publicar. Agrega tu enlace de afiliado en tu biografía o utiliza herramientas como Linktree para incluir múltiples ofertas.

Una de las mejores formas de maximizar tus ingresos como afiliado es construyendo una lista de correos electrónicos. Ofrece un recurso gratuito — como una lista de verificación, un ebook o un minicurso — a cambio del correo electrónico de la persona. Usa la IA para crear este lead magnet en una sola tarde. Luego, envía correos de seguimiento recomendando tus productos afiliados, junto con consejos útiles o historias. El email marketing es poderoso porque te permite dar seguimiento a tu audiencia a lo largo del tiempo — y muchas personas necesitan entre 3 y 7 exposiciones antes de realizar una compra.

No olvides enfocarte primero en el valor. El marketing de afiliados funciona mejor cuando realmente ayudas a alguien a resolver un problema o alcanzar un objetivo. No publiques un enlace al azar esperando clics. Crea contenido que eduque, entretenga o informe — y luego incluye tu enlace como un siguiente paso útil. Esto genera confianza, lo que conduce a más clics y mayores conversiones.

Muchos afiliados exitosos con IA se enfocan en un solo nicho y construyen un sistema simple de contenido alrededor de él.

Por ejemplo:

Un nómada digital crea un canal de YouTube reseñando herramientas de trabajo remoto y promociona enlaces afiliados a apps de productividad.

Un entusiasta del fitness crea un blog con ChatGPT sobre entrenamientos en casa e incluye enlaces a equipos o suplementos.

Una maestra usa Instagram Reels para compartir consejos educativos y promociona Canva Pro para educadores usando un enlace de referencia especial.

A medida que tu contenido crece, también lo hace tu alcance — y tus ingresos. Un solo artículo de blog, un video de YouTube o un Reel viral puede generar comisiones durante meses o incluso años.

Por último, haz seguimiento de tus resultados. Usa enlaces UTM o el panel de tu red de afiliados para monitorear qué contenido convierte mejor. Luego, duplica esfuerzos en lo que funciona. La IA te permite probar rápidamente titulares, enfoques, diseños y formatos — dándote una ventaja de marketing que hace solo unos años habría costado miles de dólares.

En resumen: el marketing de afiliados te permite ganar comisiones sin crear un producto. Con herramientas de IA como ChatGPT, ElevenLabs, Canva y Pictory, puedes crear blogs, videos, correos electrónicos y elementos visuales en minutos. Cuando se combina con el producto y la audiencia correctos, se convierte en un modelo de negocio escalable y sostenible — perfecto tanto para side hustlers como para creadores a tiempo completo.

En el próximo capítulo, exploraremos cómo crear y vender cursos online usando IA, incluso si nunca has enseñado antes. Pero primero, elige un producto que te encante, genera tu primer contenido impulsado por IA sobre él y publícalo. Estás a solo un buen enlace de tu primera comisión.

Los Ingresos Pasivos de Priya

Priya vivía en un pequeño pueblo a las afueras de Mumbai, India. Ex agente de atención al cliente, había dejado recientemente su trabajo para cuidar a su hija recién nacida. El dinero era escaso, pero no buscaba un empleo de tiempo completo — solo una forma de ganar un poco extra desde casa. Una noche, mientras alimentaba a su bebé, se topó con un video de YouTube que explicaba el marketing de afiliados — la idea de que podías ganar dinero recomendando productos en línea.

La frase que más le llamó la atención fue: "¿No tienes producto? No hay problema." Eso sonaba perfecto.

Durante la semana siguiente, se sumergió en el tema. Aprendió que algunas personas ganaban miles de dólares al mes simplemente promocionando productos que no habían creado — especialmente software, ebooks y servicios online. Pero también vio que la mayoría tenía sitios web, listas de correos o grandes canales de YouTube. Priya no tenía nada de eso. Aun así, tenía tiempo, curiosidad y conexión a internet.

Así que decidió empezar en pequeño. Eligió un producto que realmente usaba y le encantaba — una plataforma de diseño gráfico sencilla llamada Canva. Usaba Canva todos los días para crear imágenes con frases y tarjetas de cumpleaños para su familia, así que promocionarlo se sentía natural. Se unió a su programa de afiliados y recibió su enlace de seguimiento único.

Luego abrió ChatGPT y preguntó: "¿Puedes escribirme un artículo titulado '5 Herramientas Gratuitas que Hacen la Vida Más Fácil para Mamás Ocupadas'?" ChatGPT entregó un artículo claro y útil en menos de cinco minutos. Le pidió que agregara un breve párrafo sobre Canva con su enlace de afiliado. Creó un blog gratuito usando la plataforma Blogger de Google, pegó el artículo y presionó "publicar".

No pasó nada durante los primeros días. Pero luego llegó un visitante. Luego dos. Luego diez. Una semana después, recibió un correo: "Has ganado tu primera comisión de afiliado de

Canva — $9.60." Gritó de emoción y despertó a su hija de la siesta. No era mucho, pero era prueba de que funcionaba.

Se comprometió de lleno. Priya comenzó a crear pines de Pinterest con Canva que enlazaban a sus artículos. Le pidió a ChatGPT que generara más publicaciones — "10 Trucos para Ahorrar Tiempo para Mamás Trabajadoras", "Cómo Iniciar un Side Hustle Sin Salir de Casa" y "Las Mejores Herramientas de IA Gratuitas para Principiantes". En cada artículo, incluía uno o dos enlaces de afiliado: Canva, Grammarly, Pictory e incluso un curso de sueño para bebés que encontró en Digistore24. Todas herramientas en las que creía — y que ella misma usaba.

También abrió una cuenta gratuita en Gumroad y ofreció una breve guía en PDF creada con IA llamada "La Guía de la Mamá Ocupada para los Side Hustles con IA". Para obtenerla, las personas debían dejar su correo electrónico. Priya usó el plan gratuito de ConvertKit para enviar correos de seguimiento recomendando las herramientas que mencionaba. En 30 días, tenía 127 suscriptores. Pocos — pero creciendo.

Cada mañana, mientras su bebé dormía, Priya creaba contenido. A veces era un artículo de blog. A veces un video corto en Canva para Instagram Reels. A veces solo una publicación en carrusel para Facebook. No intentaba volverse viral — se enfocaba en ser útil. Poco a poco, el tráfico de su blog aumentó. También lo hicieron sus comisiones.

Para el tercer mes, ganaba entre $180 y $250 al mes en ingresos por afiliados – suficiente para cubrir pañales, comida y un pequeño extra para ahorros. La mayor parte de su contenido se creó usando herramientas de IA gratuitas, y no tenía un sitio web formal, nombre comercial ni experiencia técnica. Solo constancia y un deseo genuino de ayudar a otros.

A los seis meses, Priya recibió un correo de Canva invitándola a unirse a su "Nivel Pro de Afiliados", que ofrecía comisiones más altas y bonificaciones. Había construido silenciosamente algo significativo – un negocio paralelo que funcionaba incluso cuando ella no lo hacía. Y todo comenzó con un solo enlace.

Ahora, Priya asesora a otras mamás en su grupo de WhatsApp, ayudándolas a aprender cómo usar la IA para crear blogs de afiliados, ebooks y Reels. Siempre les recuerda: "No necesitas ser influencer. Solo necesitas ser útil."

Gracias a la IA y al marketing de afiliados, Priya no solo ganó dinero – ganó confianza. Libertad. Y una nueva identidad: creadora, conectora y reina silenciosa de las comisiones.

Capítulo 7: Creación de Cursos con IA, Enseña lo que Sabes sin Ser un Experto

La educación en línea ha explotado en la última década, y solo seguirá creciendo. Plataformas como Udemy, Teachable, Skillshare y Kajabi han creado un mercado global del conocimiento — y ahora la IA está haciendo que sea más fácil que nunca convertirse en creador de cursos, incluso si no eres profesor ni experto. Con herramientas de IA a tu lado, puedes planificar, crear y vender tus propios cursos digitales en tiempo récord — todo desde tu hogar, con nada más que un teléfono inteligente o una computadora portátil.

El cambio clave es este: las personas ya no esperan perfección. Esperan claridad, estructura y resultados. Si has superado un desafío, descubierto algo o dominado un proceso básico — puedes enseñarlo. Ya sea cómo usar Canva, organizar tu hogar, crear un side hustle, perder peso como padre ocupado o mantenerte productivo trabajando desde casa — hay alguien ahí afuera buscando tu solución.

Así es como funciona la creación de cursos con IA paso a paso.

Primero, comienza identificando un microtema que puedas enseñar. No intentes crear una masterclass de 40 horas. Enfócate en una victoria pequeña. En lugar de "Cómo Iniciar un Negocio", prueba con "Cómo Iniciar una Tienda de

Imprimibles en Canva en 7 Días". En lugar de "Fitness", prueba con "Entrenamientos de 15 Minutos para Mamás sin Equipo". Lo específico vende. Usa ChatGPT para ayudarte a generar ideas preguntando: "¿Cuáles son 10 temas rentables para cursos online que podría enseñar si me interesa [inserta tu interés]?"

Una vez que hayas seleccionado tu tema, usa ChatGPT para crear el esquema del curso. Pídele que divida tu tema en 5 a 7 módulos o lecciones. Para cada lección, solicita puntos clave u objetivos de aprendizaje. Luego pídele que amplíe cada uno en un guion de lección o puntos de conversación. Estos se convierten en la base de tu contenido — ahorrándote días o semanas de escritura.

Ahora puedes decidir si grabar video, audio o una presentación con voz en off. No necesitas aparecer en cámara. Puedes:

Usar Pictory o InVideo para convertir tus guiones en videos narrados usando material de archivo y voces de IA.

Grabar tu pantalla usando Loom, OBS Studio o Screencast-O-Matic mientras explicas un proceso (como diseñar en Canva o usar ChatGPT).

Usar ElevenLabs para narrar tus guiones y combinar el audio con diapositivas creadas en Canva o PowerPoint.

Puedes terminar un curso solo con diapositivas + voz de IA + visuales simples — y aun así crear un producto premium.

Cuando tus lecciones estén listas, organiza tus videos, PDFs y descargas dentro de una plataforma de cursos. Para principiantes, Udemy es un excelente lugar para comenzar porque ya tiene millones de estudiantes. Publicar es gratuito y ellos se encargan del marketing. Tú ganas un porcentaje de cada venta (normalmente entre el 37 % y el 50 %) según cómo el estudiante encuentre tu curso.

Si quieres más control y conservar una mayor parte de las ganancias, utiliza plataformas como Teachable, Thinkific, Gumroad o Podia para alojar tu curso y establecer tu precio. Estas te permiten crear tu propia página de ventas, configurar embudos de email y vender directamente a tu audiencia. Incluso puedes vender acceso como un "mini curso" por $17–$97 — perfecto para quienes están comenzando con side hustles.

La IA también puede ayudarte a escribir el título, subtítulo, descripción del curso, página de ventas, correos electrónicos e incluso tu biografía como instructor. Usa prompts como:
"Escribe una descripción persuasiva para un curso titulado 'Freelancing con Herramientas de IA'."
"Crea un llamado a la acción convincente para inscribirse en un curso digital."
"Resume los beneficios de este curso en 5 viñetas."

Una vez que tu curso esté en vivo, promuévelo usando redes sociales, email marketing, asociaciones de afiliados o incluso YouTube Shorts e Instagram Reels. Puedes usar Opus Clip para extraer momentos destacados de un video largo o tráiler del curso y compartirlos en múltiples plataformas. Agrega el enlace de tu curso en tu biografía o descripciones de video para captar interés y generar tráfico.

Y recuerda — tu curso no necesita ser perfecto. Necesita estar terminado. Siempre puedes actualizarlo, volver a grabar o mejorarlo después. El objetivo es resolver un problema, entregar valor y darle a alguien un atajo hacia el resultado que desea.

Algunos creadores lanzan un solo curso y ganan entre $100 y $500 al mes de forma pasiva. Otros crean paquetes de cursos, ofrecen upsells y escalan a cinco cifras mensuales. De cualquier forma, la IA te da la capacidad de crear más rápido, probar ideas y construir un activo educativo que te pague una y otra vez.

En el próximo capítulo, exploraremos cómo convertir tus habilidades con IA en una agencia digital que ofrezca servicios a clientes — incluso si eres un equipo de una sola persona. Pero por ahora, define el tema de tu curso, genera los títulos de las lecciones con IA y comienza a crear. Puede que aún no te sientas como profesor — pero para alguien ahí afuera, eres el mentor que ha estado esperando.

El Primer Curso de Carla lo Cambió Todo

Carla era recepcionista a tiempo completo en una pequeña clínica dental en una zona rural de Texas. Tenía 38 años, criaba sola a dos hijos y manejaba una agenda ocupada que dejaba poco tiempo para side hustles. Aun así, siempre había tenido talento para la organización — planners, presupuestos, preparación de comidas, itinerarios de vacaciones. Sus amigas solían pedirle consejos para mantenerse organizadas con poco tiempo. Ella se reía y decía: "Debería hacer un curso sobre esto", pero siempre parecía un sueño lejano.

Un día, mientras veía YouTube durante su descanso para almorzar, vio un video titulado "Crea y Vende un Curso Online Usando IA — No Se Necesita Experiencia". Escéptica pero curiosa, hizo clic. El creador explicaba cómo usar ChatGPT para generar ideas de lecciones, ElevenLabs para narrar guiones y Canva para crear presentaciones simples. Sin equipos caros. Sin necesidad de aparecer en cámara. A Carla se le iluminaron los ojos. Tal vez realmente podía enseñar algo.

Esa noche, después de acostar a sus hijos, abrió ChatGPT y escribió: "Ayúdame a crear el esquema de un mini curso llamado 'El Plan Maestro de la Mamá Organizada'". En segundos, tenía cinco lecciones definidas: crear un horario familiar semanal, planificación del presupuesto, sistemas de preparación de comidas, organización de archivos digitales y rutinas para ahorrar tiempo. Parecía casi demasiado fácil.

Durante los días siguientes, Carla amplió cada lección usando IA. Añadió ejemplos reales, consejos y atajos propios. Diseñó diapositivas en Canva y luego usó ElevenLabs para narrar sus guiones con una voz cálida y clara. Combinó todo en lecciones de video usando un editor gratuito en línea. Subió sus materiales a Teachable, añadió una breve descripción del curso (también escrita por IA) y lo fijó en $37. Con nervios, hizo clic en "publicar".

No se lo contó a nadie. Sin publicaciones en redes sociales. Sin correos electrónicos. Solo un experimento silencioso. Pero en 48 horas llegó su primera venta. Luego otra. Y otra más.

Resultó que su curso resolvía un problema muy real: mamás ocupadas tratando de mantenerse cuerdas mientras gestionan todo. Su voz — aunque no fuera literalmente la suya — conectó con las personas. Su sistema era cercano y su curso se sentía auténtico.

Animada, Carla publicó algunos consejos en Instagram y enlazó su curso. Usó ChatGPT para escribir captions y Canva para crear gráficos diarios. En un mes, había vendido más de 50 copias. Las personas comenzaron a escribirle correos para agradecerle — por crear algo simple, útil y real.

Carla no podía creerlo. No había ido a la universidad. No tenía credenciales de enseñanza. No se consideraba una “experta”. Pero ahí estaba, ganando más de $1,000 en su primer mes — más de lo que jamás había ganado con un side hustle. Y era en su mayoría pasivo.

Reinvirtió sus ganancias en un segundo curso — “Presupuesta como una Jefa: Finanzas Personales para Familias Ocupadas”. Esta vez añadió PDFs, listas de verificación e incluso un mini cuaderno de trabajo — todo creado con IA en pocas horas. Agrupó ambos cursos y aumentó el precio. En tres meses, tenía un verdadero negocio de productos digitales paralelo — que podía gestionar en solo unas pocas horas a la semana.

La parte favorita de Carla no era solo el dinero. Era el cambio de identidad. Ya no era solo una recepcionista. Era una maestra, una creadora, una dueña de negocio. Había empaquetado su experiencia de vida y la había convertido en valor que ayudaba a otros — y además le pagaban por ello.

Ahora suele decirles a otras mamás: “Si has resuelto un problema en tu vida, hay alguien dispuesto a pagar por aprender cómo lo hiciste. La IA solo te ayuda a sacarlo de tu cabeza y llevarlo al mundo”.

Y eso es exactamente lo que hizo Carla — una lección a la vez.

Capítulo 8: Cómo Iniciar una Agencia Digital Impulsada por IA desde Casa

La idea de dirigir una “agencia” antes sonaba abrumadora — algo que requería un equipo, una oficina, software costoso y años de experiencia. Ya no. Gracias a la IA, ahora puedes lanzar y operar tu propia agencia digital de una sola persona desde casa, ofreciendo servicios de alta demanda a clientes de todo el mundo y utilizando herramientas de IA para entregar resultados profesionales — rápido.

Una agencia es simplemente un negocio que brinda servicios a otros. Cuando está impulsada por IA, se vuelve ligera, eficiente y escalable. Puedes especializarte en creación de contenido, gestión de redes sociales, generación de leads, SEO, email marketing, edición de video o diseño web — todo utilizando herramientas de IA como tus coequiperos silenciosos (e incansables).

El primer paso es elegir tu nicho de servicios. Enfócate en lo que puedes entregar bien usando IA — y donde exista una demanda clara. Por ejemplo:
Agencia de Creación de Contenido: Redacta blogs, correos y páginas de aterrizaje usando ChatGPT y Grammarly.
Agencia de Video: Usa Opus Clip, Pictory o InVideo para crear videos cortos para redes sociales.
Voces en Off y Narración con IA: Ofrece servicios de locución

para anuncios, audiolibros o YouTube usando ElevenLabs.

Marketing en Redes Sociales: Crea captions, carruseles y reels usando ChatGPT + Canva.

Consultoría de Automatización Empresarial: Ayuda a pequeños negocios a automatizar respuestas, flujos de trabajo o contenido usando Zapier y bots de IA.

Una vez que decidas tu nicho, empaqueta tus servicios en ofertas claras. En lugar de decir "hago de todo", di: "Creamos 15 videos cortos al mes para Instagram, YouTube y TikTok — totalmente editados con subtítulos, música y voz de IA — desde $499/mes". Cuando eres específico, los clientes confían más en ti.

Luego, construye una presencia online simple. No necesitas un sitio web sofisticado para empezar. Un PDF profesional diseñado en Canva, una página de una sola hoja en Gumroad o Notion, o incluso un perfil sólido de LinkedIn con tus ofertas es suficiente. Usa ChatGPT para ayudarte a escribir tu sección "Sobre mí", las descripciones de servicios y tu propuesta de valor. Tu marca puede ser tu nombre o algo como "ContentFlow AI", "Social Boosters Studio" o "NextGen Video Lab".

Ahora, ¿dónde consigues clientes? El camino más rápido es alcance directo + contenido. Usa LinkedIn, grupos de Facebook o correos en frío para contactar a pequeños negocios, coaches, solopreneurs o marcas de eCommerce. Inicia conversaciones ofreciendo algo gratuito: "Hola, noté que tu Instagram no está usando videos cortos. ¿Te gustaría que cree una muestra gratuita usando herramientas de IA? Sin compromiso". Si les gusta — pedirán más. Ese es tu punto de entrada.

También puedes listar tus servicios en Fiverr, Upwork o PeoplePerHour. Usa IA para generar descripciones de gigs, respuestas a preguntas frecuentes e incluso autorespuestas. Agrega muestras de portafolio — creadas con IA — para mostrar lo que puedes hacer. Comienza con precios competitivos, consigue reseñas y luego aumenta tus tarifas a medida que crece la demanda.

El poder de la IA te permite escalar como un equipo de cinco — incluso si eres solo una persona. Por ejemplo, con:
ChatGPT, puedes escribir 10 correos de alta conversión en menos de 30 minutos.
Canva, puedes diseñar una semana completa de publicaciones de Instagram con captions en una sola sesión.
Pictory, puedes convertir entradas de blog en videos de YouTube en menos de una hora.
ElevenLabs, puedes entregar intros de podcasts, narraciones de audiolibros o módulos de cursos — sin entrar a un estudio de grabación.

¿La mejor parte? Puedes automatizar servicios recurrentes, cobrar retenciones mensuales y construir ingresos predecibles. Ofrece paquetes mensuales de contenido, bundles de video o incluso servicios white-label para otros creadores que no tienen tiempo. A medida que crecen tus ingresos, puedes contratar asistentes virtuales para tareas administrativas o expandirte a otros servicios impulsados por IA.

En resumen: no necesitas un equipo ni un estudio para lanzar una agencia. Necesitas una laptop, un nicho y una oferta clara — y las herramientas de IA se encargarán del resto. Enfócate en resolver bien un problema. Entrega resultados rápido. Mantente profesional y constante. En poco tiempo, no solo tendrás un side hustle — tendrás un negocio.

En el próximo capítulo, hablaremos de cómo usar la IA para crear y vender plantillas digitales — uno de los productos con mayor margen que puedes ofrecer en Etsy, Gumroad y más allá. Pero por ahora, define el nicho de tu agencia, crea una oferta para clientes y envía tu primer mensaje. No estás “fingiendo” ser una agencia. Lo eres — impulsada por IA.

La Agencia Remota de Ricardo

Ricardo vivía en Buenos Aires, Argentina. Era un ex bartender que perdió su trabajo durante una crisis económica y no había encontrado empleo estable en más de un año. Tenía una laptop, una conexión Wi-Fi inestable y un fuerte deseo de dejar de depender de trabajos ocasionales. Después de ver en maratón videos en YouTube sobre cómo ganar dinero en línea, se topó con algo que encendió una chispa: "Inicia una Agencia Digital de Una Sola Persona Usando IA — ¿Sin Clientes? No Hay Problema".

Hizo clic.

El video explicaba cómo las personas estaban usando herramientas como ChatGPT, Canva y Pictory para ofrecer servicios profesionales como edición de video, creación de contenido y gestión de redes sociales — todo sin un equipo, oficina o habilidades avanzadas. Ricardo nunca había editado un video en su vida, pero había creado menús de bebidas, flyers de eventos y publicaciones sociales para el bar donde trabajaba. Eso le dio una idea.

Decidió iniciar una agencia de contenido social para cafés y restaurantes locales. La llamó Café Boost Studio y creó un logo rápido en Canva. Luego usó ChatGPT para ayudarle a escribir un mensaje de presentación: "Hola, dirijo un pequeño estudio creativo que ayuda a restaurantes a crecer en línea usando videos cortos y contenido moderno. ¿Puedo crear un video de muestra gratuito para tu café?"

Tomó fotos del Instagram de un café local, pidió a ChatGPT que escribiera un guion con sugerencias de música en tendencia, pasó el texto por ElevenLabs para la narración y usó

Pictory para construir un reel limpio y corto. Le tomó menos de una hora. Se lo envió a la dueña sin expectativas.

A ella le encantó. Le ofreció $100 para hacer cinco más. Era más de lo que había ganado en toda la semana.

Animado, Ricardo hizo una lista de 20 negocios pequeños más en su zona y escribió a cada uno de forma personal. Cuatro respondieron. Dos se convirtieron en clientes. En dos semanas, tenía $500 en contratos — recurrentes mensuales. Estaba creando paquetes de contenido: 10 reels al mes por $200, 4 newsletters por $150 y gráficos diarios con frases por $99. Todo entregado usando IA.

Al principio, era solo él. Trabajaba desde un rincón de su cocina con audífonos puestos y el teléfono cerca. Pero con el tiempo, optimizó todo. Usaba ChatGPT para escribir captions, ElevenLabs para voces, Canva para miniaturas y Opus Clip para generar cortes de video cortos. Incluso creó plantillas reutilizables para acelerar la entrega.

Ya no se sentía como alguien buscando trabajo. Se sentía como un dueño de negocio.

Para el tercer mes, creó una página en Gumroad donde otros dueños de agencias podían comprar sus plantillas — paquetes de Canva, packs de captions y formularios de onboarding para clientes. Solo eso empezó a generarle $200–$300 extra al mes.

Eventualmente, Ricardo contrató a su primo a tiempo parcial para gestionar el alcance, mientras él se enfocaba en la entrega de servicios y en mejorar sus sistemas. ¿La belleza de todo? No había tenido ni una sola reunión presencial. Toda su agencia se manejaba de forma remota — desde su laptop, usando herramientas de IA y trabajando con clientes de toda Argentina, México e incluso una panadería en Miami.

Ricardo ya no se presentaba como "entre trabajos". Era el fundador de Café Boost Studio, con un portafolio y una base de clientes en crecimiento.

A menudo reflexiona sobre el momento que lo cambió todo — enviar esa primera muestra gratuita sin promesa de pago. Tomó 60 minutos de su tiempo. Ese solo video lanzó su agencia.

Su consejo para otros es simple: "No esperes a sentirte listo. Solo resuelve un problema. Deja que la IA haga el trabajo pesado. La confianza llegará después".

Y eso fue exactamente lo que hizo Ricardo. De bartender a dueño de negocio — todo con un chatbot gratuito, un ojo creativo y el valor de hacer clic en "enviar".

Capítulo 9: Creación y Venta de Plantillas Impulsadas por IA para Ingresos Pasivos

Las plantillas son oro digital. Ahorran tiempo, simplifican tareas complejas y brindan estructura — por eso son uno de los productos digitales más rentables y escalables que existen hoy en día. Desde plantillas de currículum y formularios empresariales hasta diseños para redes sociales y planificadores de presupuesto, personas de todas las industrias buscan soluciones "listas para usar" que puedan integrar de inmediato en su vida o trabajo. Y gracias a la IA, ahora puedes crear, empaquetar y vender plantillas profesionales con facilidad — sin necesidad de un título en diseño ni habilidades técnicas.

Las plantillas son, esencialmente, archivos prediseñados que las personas pueden personalizar y reutilizar. Probablemente ya las uses en tu vida diaria: plantillas de correo electrónico, gráficos de Canva para redes sociales, paneles de Notion, rastreadores en Google Sheets, presentaciones de PowerPoint o incluso formularios legales. Estas herramientas ahorran horas a los usuarios — y están dispuestos a pagar por esa comodidad.

Para comenzar, primero necesitas elegir una categoría de plantillas que tenga demanda. Usa marketplaces como Etsy, Creative Market, Gumroad o incluso la búsqueda de TikTok para investigar qué está en tendencia. Las categorías de alta demanda incluyen:

Negocios: pitch decks, SOPs, plantillas de facturas, planes de negocio

Desarrollo personal: rastreadores de hábitos, planificadores de metas, diarios diarios

Educación: planes de lecciones, hojas de trabajo para estudiantes, organizadores de aula

Creación de contenido: plantillas de Instagram, guiones gráficos para Reels, miniaturas de YouTube

Finanzas: hojas de presupuesto, rastreadores de ingresos y gastos, planes para pagar deudas

Eventos: planificadores de bodas, planificadores de comidas, invitaciones para fiestas

Una vez que elijas tu nicho, usa ChatGPT para ayudarte a planificar el contenido. Por ejemplo, podrías preguntar: "¿Qué debería incluir una plantilla de hoja de presupuesto para pequeños negocios?" o "Dame 10 prompts para un planificador diario de productividad". Incluso puedes pedirle a ChatGPT que cree contenido predeterminado para las plantillas (como ejemplos de facturas para clientes, calendarios o captions de muestra).

Para el diseño, Canva es tu mejor aliado. Usa sus plantillas gratuitas como punto de partida y luego personaliza fuentes, colores y estructura para que tu producto sea único. ¿Quieres crear plantillas editables para tus clientes? Simplemente diseña en Canva y haz clic en "Compartir como enlace de plantilla". Esto permite que tus compradores copien y editen la plantilla en su propia cuenta de Canva — sin necesidad de descarga. Es simple, limpio y convierte muy bien.

Para hojas de cálculo o paneles, usa Google Sheets o Notion. ChatGPT puede ayudarte a construir lógica compleja o fórmulas para rastreadores financieros, calculadoras o sistemas de gestión de proyectos. Por ejemplo, puedes pedir: "Escribe una fórmula en Google Sheets para calcular automáticamente el margen de ganancia mensual". Copia, pega y tu hoja de cálculo estará lista para vender.

Luego, crea una ficha de producto en una plataforma como Etsy, Gumroad o Payhip. Usa IA para ayudarte con las descripciones, títulos y etiquetas del producto. Por ejemplo:
Título: "Rastreador Financiero para Pequeños Negocios (Plantilla en Google Sheets)"
Descripción: "Registra ingresos, gastos, impuestos y ganancia neta con esta hoja mensual fácil de usar. Diseñada para emprendedores, freelancers y vendedores de Etsy."

Usa Canva o Placeit para crear mockups atractivos del producto. Muestra tu plantilla en la pantalla de una laptop o smartphone para ayudar a los compradores a visualizar el valor. Las fichas con imágenes claras convierten significativamente mejor.

El precio dependerá de la complejidad y la competencia. Muchas plantillas se venden entre $5 y $25, mientras que los paquetes o sistemas premium pueden venderse por $49 o más. También puedes ofrecer complementos, mejoras o niveles de licencia (por ejemplo, uso personal vs. comercial).

Una vez que tu producto esté activo, dirige tráfico usando:
Pinterest: Diseña pines con Canva y enlázalos a tu página de producto.
Instagram Reels/TikTok: Usa videos cortos para demostrar cómo funciona tu plantilla.
SEO de Etsy: Incluye palabras clave en el título, etiquetas y descripción para posicionarte en búsquedas.
Listas de correo: Ofrece una "mini plantilla" gratuita a cambio de un correo electrónico y luego haz upsell de la versión completa.
Ofertas en paquetes: Vende 3–5 plantillas relacionadas juntas por un precio mayor y con más valor percibido.

La verdadera magia ocurre cuando construyes una biblioteca de plantillas. Empieza con un producto y luego crea herramientas complementarias. Por ejemplo, si vendes un planificador de bodas, continúa con un rastreador de invitados, una hoja de presupuesto y una lista de verificación para la luna de miel. Estos mini-ecosistemas aumentan las compras repetidas y facilitan el upsell.

¿La mejor parte? Las plantillas, una vez creadas, se convierten en ingresos pasivos reales. No hay servicio al cliente más allá de soporte ocasional de acceso. Creas una vez y vendes para siempre. Y con la IA haciendo el 70–80 % del trabajo de contenido y formato, tu rol se convierte en el de curador y constructor de marca — no solo creador.

En resumen: elige un nicho rentable, usa IA para planificar y generar contenido, diseña con Canva o Sheets y vende en Etsy, Gumroad o tu propio sitio. Con constancia, incluso una tienda pequeña con 10 plantillas puede generar cientos — o incluso miles — al mes. Y a diferencia de los servicios, tu tiempo ya no está ligado a tus ingresos.

En el capítulo final, exploraremos cómo construir un ecosistema de ingresos con IA — combinando tus side hustles en un sistema que trabaje para ti las 24 horas. Pero por ahora, elige una idea de plantilla y hazla realidad. Simple, útil y escalable — así comienza la libertad digital.

La Sorpresa de Seis Plantillas de Sienna

Sienna era una asistente virtual freelance que vivía en Ciudad del Cabo, Sudáfrica. Sus días estaban llenos — saltando entre correos electrónicos, gestión de calendarios y publicaciones en redes sociales para sus clientes. Pero sus ingresos eran inconsistentes, ligados al trabajo por hora, y estaba comenzando a agotarse. Soñaba con ganar dinero sin intercambiar constantemente su tiempo. El ingreso pasivo sonaba bien — pero siempre parecía fuera de alcance.

Una noche, mientras navegaba por Pinterest buscando planificadores digitales, vio un pin que decía: "Gana $1,000/mes Vendiendo Plantillas en Etsy — No Se Necesita Experiencia". Sonaba a estafa. Pero la curiosidad pudo más, e hizo clic.

El artículo explicaba cómo los creadores estaban usando Canva y ChatGPT para construir plantillas editables — planificadores, listas de verificación, rastreadores — y venderlas en línea. Algunos incluso usaban Google Sheets para herramientas empresariales y financieras. Sienna ya estaba creando estas cosas para sus clientes. ¿Podía venderlas también?

Esa noche, tomó una lista de verificación de productividad que había hecho para uno de sus clientes, eliminó la marca, le dio más estilo en Canva y la exportó como PDF. Luego abrió ChatGPT y preguntó: "Dame 20 prompts para un diario digital de productividad". En segundos, tenía el contenido complementario perfecto.

Subió ambos a Etsy bajo una nueva tienda llamada SmartWork Templates. Puso el producto a $7 y creó una imagen de vista previa simple mostrando una laptop con su diseño en la pantalla. Siguió un tutorial de YouTube sobre SEO en Etsy y añadió palabras clave como "productivity planner", "digital checklist" y "time management printable".

Nadie lo compró el primer día. Ni el segundo. Pero al tercer día, escuchó el cha-ching de su app de Etsy.

Su primera venta.

Estaba emocionada — no por los $7, sino porque vio el camino hacia adelante. Rápidamente creó cinco plantillas más: un planificador semanal de comidas, un calendario de limpieza del hogar, un rastreador de metas empresariales, una hoja de presupuesto y un diario de rutina matutina. Cada una fue creada usando Canva o Google Sheets. ChatGPT ayudó con los prompts, la estructura y las descripciones.

Al final de la semana, tenía una línea completa de productos — y cuatro ventas más.

Animada, creó pines en Pinterest enlazando a su tienda, videos cortos en Instagram mostrando cómo usar sus plantillas y un opt-in por correo ofreciendo un "Mini Rastreador de Rutina Matutina" gratuito a cambio de suscriptores. Poco a poco, construyó una pequeña audiencia. En un mes, había vendido 58 plantillas y ganado más de $400.

Pero ocurrió algo aún mejor — tenía clientes que le pedían personalizar las plantillas para su marca. Sienna comenzó a ofrecer versiones premium para pequeños negocios. Un cliente le pagó $150 para crear un kit de establecimiento de metas con marca para su equipo.

No solo estaba vendiendo archivos — estaba construyendo un sistema. Creó un "Paquete Trabaja Más Inteligente", combinando sus 5 mejores plantillas en un solo producto, y lo vendió por $25. Rápidamente se convirtió en su más vendido.

¿La parte favorita de Sienna? Sin reuniones. Sin fechas límite. Sin reloj por horas.

Trabajaba por la noche con una taza de té en la mano, música de fondo, construyendo activos digitales que seguían vendiéndose mucho después de cerrar sesión. Se sentía como magia — pero en realidad era diseño inteligente, contenido útil y el poder de la IA.

Ahora, con más de 20 plantillas en su tienda y decenas de reseñas de 5 estrellas, Sienna gana entre $800 y $1,200 al mes

— y creciendo. Su antes abrumador trabajo freelance ahora está equilibrado con ingresos pasivos constantes.

Ella les dice a sus amigos: "Si has creado una lista de verificación o una hoja de cálculo más de una vez — ya has creado algo por lo que la gente pagará. Empaquétalo, púlelo y publícalo".

Y eso fue exactamente lo que hizo. Una plantilla a la vez.

Capítulo 10: El Ecosistema de Ingresos con IA, Apilar, Escalar y Sistematizar

A estas alturas, ya has explorado 9 formas diferentes de ganar dinero en línea usando IA — cada una poderosa por sí sola. Pero la verdadera transformación ocurre cuando las combinas en un sistema. A esto lo llamamos el **Ecosistema de Ingresos con IA** — una estrategia donde tus habilidades, herramientas, contenido y plataformas se alimentan entre sí para crear ingresos apilados, crecimiento escalable y libertad sostenible.

Comencemos con la base. Lo más importante que debes entender es que la IA no es solo un atajo — es un socio de negocios. Te ayuda a reducir el tiempo de creación, mejorar la calidad y eliminar cuellos de botella. En lugar de hacer todo manualmente, construyes de forma más inteligente. Eso significa que no solo haces freelancing. No solo vendes un curso. Construyes un ecosistema que conecta todas esas piezas.

Así es como funciona:

Comienza con una habilidad central que disfrutes o que ya uses. Digamos que es la creación de contenido. Puedes empezar ofreciendo servicios de redacción freelance usando ChatGPT. Construyes un portafolio, obtienes reseñas y generas ingresos.

A partir de ahí, usas esas mismas habilidades con IA para crear productos digitales como ebooks, listas de verificación o plantillas. Estos viven en Gumroad, Etsy o KDP y comienzan a generar ingresos pasivos.

Luego conviertes esos mismos sistemas en un mini curso, enseñando a otros cómo lo hiciste — usando IA para escribir guiones, narrar y publicar. Ese es otro flujo de ingresos, ahora automatizado.

Tomas ese curso y lo conviertes en YouTube Shorts usando Opus Clip. Cada short incluye un enlace a tu curso, ebook o producto afiliado. Ahora estás generando tráfico y comisiones con contenido gratuito — sin aparecer nunca en cámara.

Ahora tus plantillas, ebooks, servicios y videos se apoyan entre sí. Agregas un lead magnet simple — como un kit gratuito de herramientas de IA — y comienzas a construir una lista de correos. Cada vez que lanzas algo nuevo, tu audiencia ya está esperando. Ese es el ecosistema.

Aquí tienes un ejemplo del mundo real:

Crear un ebook con ChatGPT: "50 Herramientas de IA para Pequeños Negocios"

Convertirlo en un audiolibro usando ElevenLabs

Ofrecer un paquete de plantillas de flujos de trabajo con IA que coincidan con el libro

Empaquetar todo en un curso: "IA para Solopreneurs"

Usar Pictory o InVideo para crear videos de YouTube y Reels

promocionando cada pieza
Agregar enlaces de afiliados en todo tu contenido para las herramientas que recomiendas
Hacer crecer tu lista de correos ofreciendo gratis el primer capítulo o plantillas bonus
Gestionar una tienda en Gumroad o un newsletter que entregue valor semanal con mejoras pagadas

Cada parte apoya a las demás. No empiezas desde cero cada vez. Estás apilando tus ingresos.

El siguiente paso es escalar. Una vez que validas lo que funciona — duplica esfuerzos. Promociona tu producto más vendido con unos pocos dólares en anuncios. Reutiliza contenido. Agrega mejoras. Licencia tus plantillas a otros creadores. Contrata un asistente virtual para ayudar con el alcance o el servicio al cliente.

Finalmente, sistematiza. Usa Notion o Trello para crear flujos de trabajo repetibles. Crea calendarios de contenido. Usa ChatGPT para redactar respuestas, Canva para reutilizar kits de marca y Zapier para automatizar entregas. Cuanto más sistematizas, menos energía requiere crecer — y más tiempo ganas.

La belleza del Ecosistema de Ingresos con IA es que puedes empezar pequeño y escalar de forma inteligente. No necesitas volverte viral. No necesitas estar en todas partes al mismo tiempo. Necesitas una oferta, una audiencia y un sistema que mejore con el tiempo.

Resumen:
Usa la IA para reducir fricción, no para reemplazar tu valor.
Apila servicios, productos, contenido y plataformas.
Automatiza y reutiliza todo lo que puedas.
Enfócate en la constancia sobre la perfección.
Trata tu hustle como un negocio desde el día uno.

En la historia final, conocerás a alguien que hizo exactamente eso — comenzando con cero experiencia, combinando múltiples fuentes de ingresos con IA y construyendo una vida en sus propios términos.

Pero antes de seguir, grábate esto: no necesitas ser el más talentoso. Solo necesitas estar dispuesto a intentar, aprender y construir. La IA no puede hacerlo todo por ti — pero puede eliminar cada excusa.

El futuro no está llegando.
Lo estás construyendo.

El Imperio Digital de Manny, Construido Desde Cero

Manny vivía en Atlanta, Georgia. Acababa de cumplir 30 años y trabajaba como supervisor nocturno en un almacén. El sueldo era estable, pero el trabajo era agotador — y peor aún, lo hacía sentir que cada día era una repetición del anterior. Siempre había querido construir algo propio, pero iniciar un negocio parecía caro, abrumador y lleno de riesgos que no podía permitirse.

Una noche, durante un descanso, navegando por Reddit, encontró una publicación titulada: "No Necesitas un Producto, un Sitio Web ni Experiencia — Solo un Chatbot y 10 Horas a la Semana". Le llamó la atención. La publicación explicaba cómo usar herramientas de IA como ChatGPT, Canva y ElevenLabs para crear y vender productos digitales, servicios freelance y contenido en línea — incluso empezando desde cero.

Manny no sabía mucho de IA, pero sabía usar Google. Esa misma noche, le preguntó a ChatGPT: "¿Cómo puedo ganar dinero en línea si no tengo habilidades?" La respuesta lo dejó sorprendido. El chatbot le mostró cinco estrategias — todas posibles con herramientas gratuitas. En ese momento decidió que construiría su propio ecosistema digital, pieza por pieza.

Comenzó pequeño. Ofreció servicios de redacción de currículums en Fiverr, usando ChatGPT para escribir y dar formato a currículums y cartas de presentación por $25 cada uno. En su primer mes, ganó $270. No le cambió la vida — pero fue suficiente para demostrar que era real.

Luego usó esas mismas habilidades de escritura para crear un ebook: "Cómo Conseguir Trabajos Remotos Sin un Título

Universitario". Usó ChatGPT para el contenido, Canva para la portada y lo subió a Gumroad. Después de algunas publicaciones en Reddit, vendió 17 copias.

Luego convirtió el ebook en un audiolibro, narrado con ElevenLabs, y lo ofreció como un paquete por $14.99. Agregó enlaces de afiliados dentro para herramientas como Grammarly, Notion y bolsas de empleo — ganando comisiones cada vez que alguien hacía clic y se registraba.

A medida que crecía el interés, Manny grabó un mini curso mostrando cómo construyó su gig en Fiverr y su ebook. Usó grabaciones de pantalla y voces de IA para narrar cada lección. Lo vendió por $47 e incluyó plantillas, hojas de trucos y una copia de su ebook como bonos.

Luego llegó YouTube.

Usó ChatGPT para escribir guiones de videos cortos y motivacionales sobre productividad, libertad financiera y herramientas de IA. Usó Pictory para generar los videos, ElevenLabs para la voz y Opus Clip para convertir cada video largo en 3–5 Shorts. Cada video incluía enlaces a su ebook, su gig de Fiverr o su curso.

Todo comenzó a apilarse. Sus servicios atraían clientes. Su ebook atraía lectores. Su curso atraía estudiantes. Sus videos atraían tráfico. Sus plantillas generaban ingresos pasivos. Sus enlaces de afiliados generaban comisiones. Cada pieza amplificaba a las demás.

Para el sexto mes, Manny ganaba más de $3,000 al mes — más de lo que ganaba en el almacén. Pero lo más importante era que era libre. Libre para trabajar a su manera. Libre para pasar tiempo con sus sobrinos. Libre para construir en lugar de solo sobrevivir.

Finalmente dejó su trabajo nocturno, contrató un asistente virtual de Filipinas para ayudar a gestionar correos de clientes y comenzó a construir una lista privada de correos con fans, clientes y creadores que seguían su camino. Su marca, Quiet Hustle Academy, ahora tenía ebooks, cursos, un canal de YouTube, una tienda en Gumroad y asociaciones de afiliados — todo gestionado por un solo hombre y unas cuantas herramientas de IA.

Manny no hizo nada llamativo. No tenía millones de seguidores. No creó una app ni se volvió viral. Simplemente siguió apareciendo, construyendo piezas y conectándolas.

Su ecosistema no era perfecto — pero funcionaba. Y crecía.

Cuando sus amigos le preguntan cómo lo hizo, siempre sonríe y dice: "No empecé con confianza. Empecé con curiosidad. La IA se encargó del resto".

Y esa es la verdad.

Manny construyó un imperio digital apilando un bloque a la vez — y dejando que la IA fuera el pegamento.

Ahora es tu turno.

Estás Más Cerca de lo que Crees

Si has llegado hasta aquí, felicidades. Acabas de completar algo que la mayoría de las personas nunca siquiera empieza: una inmersión profunda en oportunidades reales, accesibles y globales de ingresos impulsados por IA. Pero más importante aún, te tomaste el tiempo para educarte — y en un mundo lleno de ruido y distracciones, eso por sí solo ya te diferencia.

Ahora sabes qué es posible. Has visto cómo personas de todo el mundo — con poco tiempo, sin experiencia técnica y sin capital inicial — están usando herramientas gratuitas y asequibles para cambiar su rumbo financiero. Has aprendido que la IA no es algo a lo que temer. Es un multiplicador de fuerza. Un socio. Una herramienta poderosa que elimina las barreras que antes mantenían el emprendimiento encerrado detrás de títulos, financiamiento y guardianes.

Más importante aún, te viste reflejado en estas historias. Ya fuera James en Nairobi, María en Medellín o Priya en Mumbai

— viste pruebas de que esto no es humo. Está ocurriendo. Y si pudo pasarles a ellos, puede pasarte a ti.

¿Qué sigue?

Aquí es donde la mayoría se detiene. Terminan un libro, curso o podcast sintiéndose inspirados — y luego esperan. Piensan demasiado. Dudan. Se detienen.

No seas la mayoría.

Empieza con un solo side hustle. Solo uno. Lanza la oferta freelance, abre la tienda de plantillas, crea tu primer ebook, publica ese video generado con IA. No será perfecto — pero será real. Y lo real genera resultados. Lo real crea impulso. Lo real te enseña más rápido que cualquier otra cosa.

La belleza del ecosistema de ingresos con IA es que premia la acción sobre la perfección. Cada video que publicas, cada producto que lanzas, cada servicio que ofreces — se acumula. ¿Y las herramientas? Siguen mejorando, volviéndose más rápidas y más baratas.

No solo estás participando en una tendencia. Eres parte de una transformación. Estás aprendiendo a construir fuentes de ingresos que no dependen de la geografía ni de currículums — solo de iniciativa y ejecución.

El siguiente paso no es volver atrás y releer el libro. El siguiente paso es abrir tu laptop y comenzar. No necesitas saberlo todo. Solo necesitas hacer algo. Ya sea crear tu primer gig en Fiverr, esquematizar un mini curso o grabar tu primer video sin rostro — la acción es tu ventaja.

Ya tienes las herramientas. Ahora tienes el mapa. Lo que hagas después determinará si esto se convierte en algo que recuerdas... o en algo que cambia tu vida.

¿Y si te sientes abrumado? Es normal. Esto no se trata de correr. Se trata de construir algo sostenible. Incluso si solo te comprometes 1 hora al día, 3 días a la semana — eso es suficiente para crear ingresos, estabilidad y una nueva identidad en los próximos meses.

Recuerda: nadie nació sabiendo hacer esto. Lo aprendieron empezando. Tú también lo harás.

¿La conclusión final?

No necesitas más tiempo.
Necesitas menos duda.

www.ingramcontent.com/pod-product-compliance
Lightning Source LLC
LaVergne TN
LVHW010840051026
849532LV00007B/2773